U0806651

青春的真相

告别你的负向力

青少年健康心理自我养成

刘 燕◎编著

机械工业出版社
CHINA MACHINE PRESS

本书以真实故事、读者来信、案例分析、采访实录为素材背景，由多名心理学专家参与指导，聚焦青少年关注的热点问题，帮助他们克服青春期常见的烦恼。全书以公众号 Take It Eeeeasy 上的资源为基础，与粉丝线上联动，5 年内帮助数万名青少年读者走出情绪黑洞，治愈负面心理，抵抗不良诱惑，成功迈进理想的大学。

内容上，本书从心理学角度出发，以第一视角直达读者内心深处，与他们零距离沟通。通过案例分析、互动答疑解决青春期烦恼，排除影响学习的心理因素。分别从个人成长、人际交友、学业压力三个方面解决中学生常见的青春期难题。通过真实、有启发性的经验总结帮助他们破译问题背后的动因，找到切实可行的应对策略，摆脱学习和生活中的焦虑。

图书在版编目（CIP）数据

告别你的负向力：青少年健康心理自我养成 / 刘燕编著. --北京：机械工业出版社，2024. 12. --（青春的真相）. -- ISBN 978-7-111-77242-2

Ⅰ. G444

中国国家版本馆 CIP 数据核字第 2024V137Q9 号

机械工业出版社（北京市百万庄大街 22 号　邮政编码 100037）

策划编辑：张若男　　责任编辑：张若男

责任校对：肖　琳　刘雅娜　　责任印制：单爱军

保定市中画美凯印刷有限公司印刷

2025 年 6 月第 1 版第 1 次印刷

170mm×230mm · 11.75 印张 · 203 千字

标准书号：ISBN 978-7-111-77242-2

定价：49.80 元

电话服务　　网络服务

客服电话：010-88361066　　机　工　官　网：www.cmpbook.com

010-88379833　　机　工　官　博：weibo.com/cmp1952

010-68326294　　金　书　网：www.golden-book.com

封底无防伪标均为盗版　　机工教育服务网：www.cmpedu.com

写给努力长大的你

学习压力大、学习成果差、学习动力不足、学习有畏难情绪等令家长焦虑的问题本质上可归结于两点：学习方法不对与学习心理障碍。

一方面，面对升学压力，越来越多的青少年陷入被作业、考试、课外班支配的忙碌当中，大多数人在校学习、在家复习的时间非常长和强度非常高。然而，没有找到合适的学习方法、盲目地学习让很多人步入越努力、成绩越差的怪圈，在深深的自我怀疑之中，学习也成了一件痛苦的事。另一方面，当所有时间都被学习填满，缺少足够的休息、娱乐时间，缺少释放压力的空间，也容易引发心理问题。

进入青春期后，青少年在生理和心理上已经接近成年人的水平，他们开始在意自己的成年人角色和尊严，但人生阅历和心智却与成年人还有明显差距。所以，他们在面对自身经验匮乏、实际能力不足等问题时容易产生焦虑和挫败感，还要时常面对家长的严厉态度，心理负担加剧，于是就出现了自卑、逆反、厌学等多种问题。时间长了，他们容易丧失学习的动力，对自己的未来越来越迷茫，对当前的生活感到缺少意义。近些年，个别学生在遭遇挫折时甚至会采取极端方式解决问题。

在“互联网+”时代长大的青少年，拥有更广阔的视野和宽广的受教育空间，同时，他们也面对着更多的诱惑和更喧闹的世界。本书以公众号 Take It Eeeeasy 上的资源为基础，与粉丝线上联动，5 年间，公众号采编团队采用或见面、或通话、或文字交流的方式，通过私信、评论区留言、读者邮箱累计对话过近 20 万名青少年。他们来自五湖四海，覆盖从初一到大一的各个年龄段。他们中有人每天熬夜苦读，却两次与大学失之交臂；有人从小到大都是父母眼中的乖乖女，心里却偷偷藏着一只小“野兽”；有人是老师和同学公认的“混世魔王”，内心却十分脆弱；有人曾 4 次离家出走，甚至有一次在河边吹了一整夜的风；有人有学校恐惧症，在家自学了 5 年……这些都是真实的故事，让人们看到了青少年的迷茫。青少年的成长诉求应该被看到、被尊重。

本套丛书分为《唤醒你的学习力——尖子生的高效学习法》和《告别你的负向力——青少年健康心理自我养成》两本。在书中，你不仅可以看到众多名校师范生撰写的学习方法，还可以了解他们是如何走出青春期迷茫和焦虑的。他们是最懂学生的老师，也是最懂老师的学生，他们是曾经的你，也是“轻舟已过万重山”的自己。你可以看到每个中学生都会遇到的难题，翻开未来之书，破解心中迷惑。中学阶段几乎所有的困惑都能在书里找到适合自己的答案。这不仅仅是学霸的学习经验总结，更是真实的青春。

希望本套丛书能够帮助你找到适合自己的学习方法，将学习作为一件本就能获得成就感与幸福感的事情，从而获得源源不断的学习动力。希望同学们能拥有健康的学习心态、应对困难的勇气与力量，以积极向上的姿态走进理想的大学。

最后，祝你成功上岸！

北京师范大学心理学部教授

林丹华

目录

写给努力长大的你

成长的烦恼

自我认知 社会教育

青春的迷茫

异性关系 朋友相处

学习的焦虑

习惯养成 情绪管理

CONTENTS

成长的烦恼

自我认知　社会教育

你才是自己人生的主角

怎样才能不在意别人的评价？

关键词　需求层次理论　偶像包袱　负面评价

你是否听过这样的声音：“你的脸型不适合剪短发，还是老老实实扎马尾辫吧。”“你怎么这么胖，女生这么胖了居然还吃这么多。”“你怎么一直在学习，太卷了吧！”

我们每天要接收信息，其中难免会有别人对我们的评价。但是有时候，面对别人的“恶评”，我们很难不放在心上。负面评价多了，我们的内心会开始动摇：“我难道就是他说的那样吗？”“我应不应该改？”不知不觉会感觉身心俱疲。

在意别人的评价，我错了吗？

在意别人的评价是人处在社会中的自然反应。评价对于人们来说是一种认可程度。美国心理学家亚伯拉罕·哈罗德·马斯洛（Abraham H. Maslow）1943 年发表在《心理学评论》上的论文“人类动机论”（A Theory of Human Motivation）提出的需求层次理论，将人的需求划分为五个层次：生理需求、安全需求、爱和归属的需求、尊重需求、自我实现需求。当低级需求（前两种）得到满足后，高级需求（后三种）就产生了，而这后三种需求的满足都与他人的认可有关，因此我们会自然而然地在意他人的评价。

别人的认可让我们有更高的自尊感，我们相信，他们的认可关系到我们的自我价值，关系到我们对自己的重视程度。在意他人的评价是人之常情，然而，如果过度在意别人的看法，重视别人的看法超过了你对自己的看法时，需要考虑自己是否有以下几个方面的倾向：

01 “我总在委屈自己讨好别人”

成长过程中经历太多批评的人会轻视自己，往往渴望得到别人的认可，为此不惜用尽全力改变自己，把自己塑造成别人喜欢的样子。讨好型人格难以拒绝别人，或者发泄自身的不满。为了讨好，他们愿意去接受他人的评价，即使有些评价是完全不合理的。

《人间失格》中的大庭叶藏，虽然生活富足、衣食无忧，但由于家庭压抑古板，且看惯了世人虚伪自私，导致他开始怀疑生活，形成懦弱自卑的性格。于是，他选择乖巧听话的人设，讨好别人，戴着虚伪的面具生活，最终内心疲惫不堪。《人间失格》中说：“只要被人批评，我就觉得对方说得一点都没错，是我自己的想法有误。因此我总是黯然接受外界的攻击，内心却承受着疯狂的恐惧。”

“我有偶像包袱” 02

有些人认为自己是人群的焦点，害怕自己出丑，于是时刻关注别人的评价，生怕自己的“完美形象”遭到破坏。好像自己随时站在舞台上，受到同学、家长和老师的关注，一举一动都会被别人说三道四。

我们害怕考试考不好被责怪，害怕演讲口误被嘲笑，害怕被人拒绝后在同学面前抬不起头，也越来越不敢去尝试，进而限制了自己的潜能。

03 “负面评价会让我过度羞耻”

羞耻感，一种被认为一文不值、无能、不光彩或不道德的感觉。人们在听到负面评价时都可能出现“不好意思”“难过”等负面的情绪，但以往“羞耻心”教育或相关失败经历所导致的羞耻感过强的人，可能会因为负面评价而产生过度不适感。

适度的羞耻给了我们道德感，但过度的羞耻会让我们自我厌恶、逃避，甚至暴怒。

为什么不能过度在意他人的评价？

英国心理学家杰弗里·艾伦·格雷（Jeffrey Alan Gray）在强化敏感性理论（reinforcement sensitivity theory）中曾提出过一种行为抑制系统（behavioral inhibition system）。这个系统中的活动会抑制可能导致负面或痛苦结果的行为，并抑制了人朝着目标前进。2013 年的一项研究表明，关注他人的意见会使行为抑制系统保持活跃，从而削弱你采取行动的能力。

完全无视他人的意见必然是不对的，但如果我们少关心一点其他人的意见，可能会让自己的行动能力更强。

怎样才能不在意别人的评价？

01 信任自己的感受

与自己相比，他人对自己的了解并不一定全面，评价也并不一定客观。因此，学会专注自身：建立自我认同感。“自我认同”（self-identity）是由美国心理学家爱利克·埃里克森（Eric H. Erikson）提出的一个概念，也被称之为“自我同一性”。

清楚自己是一个怎样的人，清楚自己未来的目标，清楚自己与社会的关系，清楚什么价值是自己追求的，并且能保持一种相对稳定且连续的认知，这样的状态叫作自我认同。当对自己有了自我认同感，清楚自己究竟要追求什么，自己究竟在意什么，就会拥有来自内心的源源不断的动力，这样的内部动力好过他人评价带来的外部动力。

你没那么重要 02

其他人对我们的看法实际上比我们想象的要少得多，无论是积极的或是消极的。研究表明，我们一直高估人们对我们和我们的失败的看法，相反，它们会导致我们过度压抑，从而生活变得艰难起来。放轻松一点，想想你会记住多少别人的尴尬瞬间？

没多少，是吧？

03 与接受、支持自己的人相处

活在一群处处挑剔的朋友、家人中是很痛苦的，他们会对你的心理健康产生巨大影响。一个你处处关心的人对你不但没有感激，反而有很多负面看法，难道不会让你本能地想要远离 TA 吗？

当得知了一个人对你的负面评价后，可以寻求更多人的评价帮助自己权衡。寻找那些愿意真正了解你的人、愿意支持你的人。可能有时你们意见并不统一，但这才是健康的相处模式。

在电影《弱点》中，讲述了一个无家可归的非洲裔男孩迈克尔从小在多个寄养家庭中辗转，他很自卑，常常怀疑自己。直到他遇到了陶西一家，他们给予迈克尔希望、接纳迈克尔，发掘出了他身上的橄榄球天赋。在选择大学橄榄球队时，尽管陶西一家都希望他选择密西西比大学，但陶西太太还是说："迈克尔，你应该选择自己喜欢的大学，我希望你能做你愿意做的事，因为这是你的选择、你的人生。"

陶西一家在迈克尔的人生中扮演了那个愿意接受、支持他的角色，这样才让迈克尔停止怀疑自己，发挥自己的天赋。

同频共振

@祺晓鸣

我上了高中后感觉和一些同学不是那么志同道合，同学的言论我好多都听不懂。一开始我感到孤独，但后来我慢慢明白了学会尊重自己是一个人成熟的表现。而且父母也告诉我，不要因为不知道拒绝同学就委屈自己，学会尊重自己是一个重要的课题。很喜欢歌曲《玫瑰少年》中的一句歌词："别让谁去改变了你。"

偷偷塞给你的小纸条

叔本华说过："人性一个最特别的弱点，就是在意别人如何看待自己。"
愿所有人都能接纳自己。

内向的人要逼着自己变开朗吗？

发现自己，成为自己

关键词 心理能量指向　自我平衡　性格焦虑

我觉得我也不是太内向，和好朋友在一起还挺能聊的。但不喜欢和陌生人讲话是真的，我就是觉得没必要。父母拉我去和我不熟悉的叔叔阿姨吃饭，总批评我不主动问好。

现在上高三了，家人似乎觉得我的性格以后上了大学会很难融入集体，已经开始劝我不要考虑报考太远的大学。有时候老师也会很关心地跟我说，希望我多和别的同学交流。

我也没有感觉内向一些有什么问题，但大家都说毕业了问题就出现了，我该怎么办？

@匿名

首先，如果希望体验另一种生活，内向型性格也可以尝试去变得外向。但如果要问，内向的人是否需要逼着自己变得开朗？那当然没必要。

内向、外向只是非常笼统的性格区分，人类的性格是很难改变的，内向性格自然不是听几句道理、和他人聊聊天就能变得外向的。

内向与外向像天平的两端，我们只需找到自己的平衡点就好，无须强迫自己改变。

什么是内向？

01 心理能量指向

瑞士心理学家卡尔·荣格（Carl Gustav Jung）在《心理类型学》中正式提出了外向（extrovert）和内向（introvert）的概念。

这两种特质的区别在于心理能量指向的方向，对于内向的人来说，他们的能量指向内部，因此他们对内心世界更感兴趣、更安静，喜欢独处、自省和思考。有研究者发现，在生理层面，内向和外向的人对外界刺激的敏感性存在差异。

这些差异与生俱来，早在婴儿时期就已显现，并会在一生中保持相对稳定的风格，难以被真正改变。

为什么内向的人总想变得外向？ 02

“演讲比赛看上去很有趣，但性格外向一点才会比较适合。”“他在陌生人面前很会讲笑话，大家都很喜欢和他在一起。”

演讲、辩论、脱口秀、组织活动会给人带来不小的成就感，而很多时候，我们会把“能够在集体活动中展示自己”当作是“外向性格”才能做的事。

其实，这是非常错误的观点。“演讲”“辩论”等都是一种技能，任何人都可以通过学习去提高这些方面的能力，性格外向与否与是否能够获得这些技能本质上并无关联。

当然，我们在练习演讲、参加比赛等的过程中，会频繁地进行人与人之间的接触，这些接触会使内向性格的同学变得“外向”一些，但并不见得会改变本质。

要不要外向一点？

内向的人或多或少都听过这些话：“你这种性格长大一定会吃亏的。”“内向的性格就是糟糕的。”“内向的人不受欢迎。”“优秀的人就应该善于自我展现，和谁都能打成一片。”许多人将内向当成是一种缺点，会产生自卑的心理，仿佛内向已经成了一项亟待解决的问题。但事实上，不管是内向还是外向，都只是一种性格状态，没有高低之分。

一个看似内向的人面对他喜欢的领域时可能会滔滔不绝，一个看似外向的人也可能会在午夜悄悄哭泣。我们只看到了内向者的局促和沉默，却没有看到他们的稳重和丰富。如果说外向者是在我们看到的地方建立城堡的话，内向者就是在内心为自己营造了王国。

日本作家村上春树也曾坦言，自己是一个绝对的内向者。在其作品《爱吃沙拉的狮子》中，村上春树这样介绍自己：“我是一个不爱说话的人，偶尔会口若悬河，但平常都是闷葫芦一个。对我来说，电话是苦差一桩，在派对上跟别人交谈也是弱项，回答采访同样令我心力交瘁，甚至连回封邮件都觉得疲惫不堪。假如命令我闭嘴，我可以永远闭口不言，也不会感到丝毫痛苦。独自一人看看书、听听音乐，去外边逛逛，跟猫儿玩玩儿，一个星期很快就过去了。”村上春树的描述代表着很多内向者的状态，不爱说话、不爱社交、喜欢独处。

性格内向可以这样做

01 不要强行改变自己，而是要发挥优势

很多人看到内向者时，会劝告他们："你这样不好，应该尽量活泼一点。"现实生活中，也有不少内向的人碍于周围的压力，尝试着改变自己。他们强迫自己融入周围的社交圈，逼迫自己和别人热情交往，但往往这样背离本心的做法会让自己变得迷茫和劳累，等自己坚持不下去了，便还是会恢复原状。一般来说，内向者不好热闹，却足够沉稳，能够沉浸在自己的世界里，这就是内向者的优势，思想集中在一个领域，不为外物所动。

选择适合自己的社交方式 02

说起社交，我们很容易想到的是聚餐、KTV、团体旅游等，但实际上有些社交方式是安静的、舒适的。因为社交的本质是人与人之间的互动，互动的方式有很多，可以和对方商量更适合自己的方式，是两个人选择僻静的小店聊天，还是一起约到湖边散步，甚至不必出门，以长篇幅的消息或邮件进行更深入的交流和互动。

03 不用总谈论自身，多关注话题本身

对内向的人来说，身在人多的场合常常会令他们对自己的"位置"感到困惑，仿佛不知道自己该站在哪里。这时可以尝试少数人的交流环境，比如和两三个人一起聊天，并且不用努力"挖掘"自己与话题相关的经历，而是去关注话题本身，从话题本身去引出更多的内容。这样能一定程度上将注意力从自己身上移开，减少自己的局促感。

同频共振

@小念

我觉得内向和外向并不是永久印在你身上的标签，很可能是你周围没有合得来的朋友、同学，你才觉得自己内向。去一个优秀的群体中，慢慢融入这个集体，你就会慢慢变得外向。

@夏日妄想

一位歌手曾说过一句话：你要允许一些人有安静的青春。

@咪咪

内向的人心里有一团火，路过的人看不到，但总有人会看到。那些没有看到的，只能说他们不适合你。难道还怕以后碰不到几个特别好的朋友吗？本人小时候活泼，长大后都不能说内向了，该说冷漠，但“高二党”马上高三了，一定要上最喜欢的大学，冷点好，全身心投入。

@懂

我应该看起来挺外向的，不过我更喜欢独处。我看似有很多朋友，但我和他们很少有深入的心理交流，而且我也不擅长跟别人聊天。我不知道怎样展开话题，特别是在社交平台上，经常就冷场了。

@侯盈帆

我就内向，给人的感觉就是一个很文静、不爱说话的小孩，然后上高中后期望性格开朗一点，就总是和同学打闹说笑的。我的班主任说原来看我挺文静的一个小孩，实际上我不是真的文静，和他想象的不一样。

偷偷塞给你的小纸条

希望每个人都能活得像自己，也能成为更好的自己。

因为老师的一句批评，我自闭了

高敏感人群修炼钝感力的方法

关键词 高敏感人群 玻璃心 钝感力

有没有人用玻璃心、林妹妹等标签形容过你？

你可能会在完成一项任务前，过多地考虑细节操作，唯恐过程中出现一点点差错；你可能会在社交上心累，跟人交谈时反复斟酌用词，害怕对方有不好的感受；遭受批评指责后，你可能比一般人更难受、更难脱离困境。

这便是高敏感人群的画像：感觉自己像一只皮肤裸露在外的小兽，时刻担惊受怕。

高敏感人群是指什么样的人？

1997 年，美国心理学家伊莱恩·阿伦（Elaine N. Aron）提出，的确存在一类人群，他们比别人更细腻、敏感和脆弱。这种人群叫“高敏感人群”（Highly Sensitive Person，简称 HSP）。

它是一种稳定的人格特质，通常能够更完整细致地处理外在世界积极和消极的信息，对外在周围环境也有很强的感知力和洞察力。

伊莱恩·阿伦研究发现，全世界约有 20% 的人属于高敏感人群。这个数据意味着你并不孤独，但同时也不被大多数人理解。

伊莱恩·阿伦和同事们用“DOES”总结了高敏感人群的主要特征：

D 代表 Depth of Processing：深度加工信息

接触到同样的信息后，高敏感人群会比其他人想得更多、更深入。

比如，老师说的同一句“好好听课”，在非高敏感人群看来是随口一说，高敏感人群则会琢磨良久，揣测其用意，担心老师是不是针对自己。

O 代表 Easily Overstimulated：易被过度刺激

面对信息，高敏感人群比一般人更容易也更迅速地受到刺激。

比如，对一位高敏感型人格的人说“你把垃圾倒一下”，可能会使其直接发火，认为这是指责他不讲卫生。

E 代表 Emotionally Reactivity and High Empathy：在感情方面易受触动

高敏感人群对积极的刺激反应更加强烈，对消极的刺激反应更加深刻。

他们在看电影、阅读书籍时都能更深刻地体会其中人物的喜怒哀乐，跟着大哭大笑是常态，看完后也需要较长的时间去“脱戏”。

S 代表 Sensitivity to Subtle Stimuli：感知细微之处

高敏感人群也可以感受到非常细微的刺激，而这些刺激是一般人接收不到的。

他们的大脑就像一个感受放大器，春天花朵会更加芬芳，秋日天空会更加辽远。而由于感官加工敏感性增强，他们也更容易注意到别人错过的一些小事。

你为何如此敏感？

01 生理因素

很多研究表明，高敏感人群的大脑的确跟普通人有所差异。

对于高度敏感者来说，外源多巴胺奖赏系统更弱，使得他们从社交中得到的积极反馈会更少。

他们的神经元也更加活跃，这会导致高敏感人群更加容易对别人“感同身受”。看到别人被刀子划伤流出了血，他们会感到自己仿佛也流血了一样，有一种精神上的疼痛感。

后天因素 02

在情感忽视的家庭中，抚养者常常忽视孩子的需求，也不会对他们的愿望进行足够的确认与回应。比如，任由孩子哭泣半小时，抚养者仍不闻不问。严重时，抚养者甚至会阻止孩子的情感流露、进行打击式教育，从“倒数 3、2、1，你不许再哭了”到“进步了又不稀奇，你还有很多地方没做好”，皆为表现。

设想一下，一个弱小、无助、身躯仅为成年人十分之一大的婴儿生长在如此严苛、冷漠的环境中，他不确定自己做什么是对的、做什么会受伤，也不知道对方会如何对待他。此时，若想继续生存下去，察言观色、感知他人情绪变化是否就成了他必要且必需的能力？

从某种意义上来说，敏感是生存的需要。

高敏感人群如何缓解敏感带来的痛苦？

01 认识情绪的构成

认识情绪就像见陌生人一样，一回生二回熟。

或许此前你只是感受它，但从未接纳它，更未理解过它。但是，你只有分析清楚了情绪的起因、构成，才能在它再次袭来时用具有弹性的情绪保护膜迎接它，而非任其侵入内心，使你恐慌或绝望。

你可以对照以下分析，也可以自我剖析：

愤怒，是在提醒你别人或许侵犯了你的边界，你可以用更温和的方式勇敢维护权益。

悲伤，是你内心柔软、共情力强的体现，也意味着你需要一些时间来平复心情。

嫉妒，能让你看清内心的需求，显示你目前存在的不足和内心的脆弱，意味着你还存在成长空间。

焦虑，是在提醒你需要改变当下的状态，尽快从情绪的旋涡中跳出来。

当你对情绪的解读不再停留于表面时，它对你造成的影响和伤害也会随之减小，对于已知的事物，我们总会有更多掌控力。

自我说服，训练洒脱能力 02

爱憎分明、快刀斩乱麻，在该放下的时候说走就走，是高敏感人群一生都在渴求的能力。

达成这项能力的基本前提是，你要学会“自我说服”，而非任由情绪引领你的大脑。

“TA 那句话到底什么意思啊？”——你手头需要紧急完成的任务是什么？难道是揣测 TA 的心思吗？你为何要任由无关紧要的他人占据你的时间？

“TA 是不是讨厌我呢？”——你喜欢你自己吗？你的优点有哪些？这些优点值得被人喜欢，即便 TA 不喜欢你，也会有别人欣赏你。

自我说服的关键在于，你必须专注于自己，你要关注你当下的事务，关注你内心的需求，关注你真实的情绪，而不是将注意力都放于外界。

或许一开始你需要很长时间去回答那些问题，去“强迫”自己关注自我，但久而久之，这个时间会越来越短，你也会逐渐掌握“敏感—说服自己—接受自己—专注自己”的秘诀，成为拿得起放得下的小大人。

03 远离“有毒”的关系，学会自我关怀

高敏感人群在成长过程中可能会重复以往幼年时期使自己受到伤害的关系模式，比如，你亲近的朋友会以贬低你取乐，你会受伤，但 TA 又是你的好朋友，你依赖与 TA 的关系。

这时，你就要用心考量这些关系，并拿出勇气，思考是否要离开他们。

即使经常打击自己的是父母，也可以学会适当减少家庭压抑氛围带给自己的负面影响，多走出去，多拥抱友谊，多拥抱社会。

学会自我关怀，其本质就像是成为自己理想中的父母，其中最重要的就是满足自身需要，用对待所爱的人的方式对待自己。

别再一味关心他们是否吃饱穿暖，却毫不在意自己已经在寒风中站了许久。

其实，高敏感也是一份礼物

自身也是高敏感人格的德国演讲者埃琳娜（Elena）在 TED 演讲中表示：“内心敏感的人并不软弱，我们拥有着温柔的力量。敏感的人也不需要变得迟钝，因为我们有着不可忽略的天赋。”

你是否有意识到：

首先，因为你的敏感，你会更容易察觉到人际交往过程中的气氛变化以及他人的需要、情绪变化，并可以感同身受。

其次，因为你的敏感，在完成一项任务时，你会谨慎地考虑每一个步骤，考虑各种各样的突发事件的可能性，并想好对策，做好 Plan B、Plan C。

再次，因为你的敏感，你会表现出非凡的创造力，你对细节的感知力、对过往经验的整合能力很强，也总能有很多创意点和有趣的想法让他人眼前一亮。

最后，因为你的敏感，你的人生体验也会更为丰富、更具厚度。

也许深夜反刍、痛哭、辗转反侧的体验并不好，但它们无疑也是我们人生体验的一部分。

在情感的起伏与波动中，或许就掩藏着生活的本质，而那或许是非高敏感人群无法探寻也无法感知的。

同频共振

@海棠未眠

真的，我就属于这样一类人，每次别人和我说话，我总会考虑他（或她）到底是什么意思，是不是我还不够好，因为这样的性格自己哭了好多回。直到后来慢慢释然，终于能看庭前花开花落，去留无意；望天上云卷云舒，宠辱不惊。

@丁一一

敏感是一直对自己在意的人不自觉去思考他（或她）做某事的原因，一旦认为他（或她）的动因有问题，会感觉很伤心。所以，让一个人成为你在乎的人之前要慎重，要明白他（或她）是否真的懂你。懂你的人会察觉到你细腻的小心思，从而加以呵护，尽量照顾你的情绪，不会触及你的痛点。总而言之，把细腻的心思留给懂你的人和值得的人，其他的人都是生命中的过客而已。

@Farewell 的阿芙乐尔

过于敏感就会产生严重的精神内耗，即使脱离家庭到了社会上也会过分关注别人的心情，不敢真实地表达自己、做自己的选择，很羡慕那些敏感度适中的人。

@落花

我就是一个很敏感的人，别人的一个眼神和动作我都会无限放大，把所有的细节都归结在自己身上，是不是自己哪里做得不好，所以与人交往的时候是我最痛苦的时候。

偷偷塞给你的小纸条

就算是一块玻璃，又如何？

就算易碎，又如何？

或许，在这块玻璃上，你已经拥抱了这世上最缤纷、亮眼的色彩呢！

中学生容貌焦虑，长得好看真的重要吗？

如何学会爱自己？

关键词 容貌焦虑 自卑心理 审美观

“请给我的外貌打分”这一话题曾在社交媒体上的热度很高。话题里，大家发布自己的照片，直面网友的评价。

关于怎么样才算好看，似乎没有统一的标准，反而是网络上一些追求流量的媒体总在大肆炫耀：“女生只有身材纤细才是美丽的。”“男生只有过了一米八才是帅哥。”“大眼睛、小鼻子、小嘴巴才最美。”……

那么你有没有想过：容貌可以客观地打分吗？

“好看”的背后是什么？

审美是人类理解世界的一种特殊形式，欣赏、品味或领会事物及艺术品的美，而“美”，是指能够使人们感到愉悦的一切事物。

随着社会个体自我意识的觉醒，对于“什么样才算好看”的问题，我们倾向于回答：“自己觉得美的才是美的。”

审美有主流与小众之分。一个文化体系下的人群审美标准正态分布的重叠部分就是主流审美，未重叠的部分便为小众审美。

审美没有高下之分。所有审美标准是平等的，每个人都可以有自己的审美标准，其不唯一，也不能唯一。

谁更好看似乎是有共识的

虽说每个人都可以有自己的审美标准，但似乎，对于谁更好看、谁不够好看，有一把看不见的尺子在指挥着我们的大脑。

01 审美是时代文化背景的产物

美可以是“环肥”，也可以是“燕瘦”。

社会科学中一个长期持有的观点是，美的标准是任意的文化习俗，不同文化背景的人对哪些面孔有吸引力的看法大体一致，也就说明，一个时代下的一个文化背景会塑造我们的审美标准并且使其趋于一致。

02 网络时代放大了主流审美的声音

传播学中有一个理论叫作沉默的螺旋，大意是说，当人们的观点得到广泛的赞同，人们就会更加笃定自己的观点是正确的，并愿意持续表达；反之，人们会越来越倾向于保持沉默。

美的标准固然是可以被社会塑造的，但具体到个人身上时，每个人都会有自己的审美偏好，所以我们常说“一千个人有一千个哈姆雷特”。然而，在网络时代，营销宣传、短视频铺天盖地席卷而来，某一种审美标准很容易压过其他标准，占据主流，于是，持相同观点的声音越来越大，而持不同观点的声音越来越小，甚至有些人开始怀疑自己的审美。久而久之，美的标准就变得单一了。

学会审美我能做什么？

01 求同存异，互相尊重

审美有主流，但也不意味着只能有主流。在上文提及的“请给我的外貌打分”热门话题下，同一张照片留言区有赞美的，也有人身攻击的。出于嫉妒目的或其他目的的违心评价先按下不提，仅从审美角度而言，不同的美都应该受到认可。

大眼睛、双眼皮这样的“浓颜”长相很美，小眼睛、单眼皮这样古灵精怪的“淡颜”长相也很美。相较于在网络上发表攻击性言论，我们更提倡大家在评判他人的时候多考虑他人的感受，尊重他人的审美标准，求同存异的本质就是不将自己的标准强加于他人身上。

我们可以持有不同意见，但需要做到的是互相尊重，而不是对于审美标准与自己不同的人嗤之以鼻。

减少容貌焦虑，健康追求美丽 02

我们需要追求的是自己审美标准中的美，而不是一味地去追逐网络上所营造的标准。健康是美的前提，就像从生物学角度提到的一样，美本身就是健康的一种外在体现。

女生可以通过多加锻炼达到更健康的身材比，但前提条件是健康的运动与锻炼，而不是一味地节食减肥。男生也是如此，类似健身、跑步、护肤等健康的方式都是值得肯定的对美的追求。

给每一个因容貌而自卑的你

01 你不是一个人

即使已经是面容更加姣好的明星，也会因为容貌焦虑而选择整容。正如即使已经是考入清华、北大的天之骄子，也会因为人外有人而自卑焦虑。

人是社会性的动物。只要处在人际圈子之中，难免会和他人比较，而当看到他人比自己优秀时，也难免会有自卑感。所以，每个人多多少少都有对自己不满意的地方，自卑是一件再正常不过的事情。只是，不要过分夸大自己的“不如意”，让这样的消极情绪影响了正常生活。

你也有自己独一无二的小小宇宙 02

对于无力改变的条件，再过于耿耿于怀也于事无补。不如学会关怀自己，看到自己每一个即使微小也仍然闪光的优点。

每个人都有属于自己的、独一无二的小小宇宙。

03 远离“有毒”的人际关系

一段人际关系中可能有“批评”、有“指责”，但如果一段人际关系中只有单方面的批评指责，甚至贬低嘲讽，无法给另一方带来任何被肯定的感受，那么也许这段关系还需要进一步考量。

“TA 贬低否定我，真的是为我好吗？”“TA 是否仅仅为了嘲讽而嘲讽？”若你心底的“湖水”已经被扰乱，那就不要再怀疑、犹豫，远离他们才能更好地享受世界。

我们都知道“爱美之心，人皆有之”，但也需要知道，“世上没有两片完全一样的树叶”，也正是不同的树叶构成了一棵大树，又何必追求趋于一致呢？

多姿多彩，也是美的一部分。

同频共振

@杨瀚翔

个人观点：别人没有任何权利评价我们的长相，我们也没有权利去评论别人的长相，做好自己的时候就是最帅的。

@M 孟 M

在我看来，只要你充满自信，将自己的优点最大化，你就是最美的。

@Nice2cu

所有人都会老的，都会有长皱纹和白发的一天，无谓地追求所谓的“A4 腰”“锁骨放硬币”等其实是没有意义的，人生并不是为了他人的评判标准而活，而是要活出自我，活出价值。

@熬熬

我一直以为我很差劲，直到我遇到了一个很好的朋友，他说不要焦虑；不要容貌焦虑，不要身材焦虑，不要成绩焦虑！保持好心态、不躺平、不掉队！我真的交了一个很好的朋友。

@喜欢吃草莓味的小狗数字饼干

自爱才是最有力量的，如果只是通过别人的目光来看待自己，那么不管多么优秀也终究不会得到认可，即使被拥护，也不会开心。永远别想着取悦别人，重要的是自洽。

偷偷塞给你的小纸条

希望每个人都能成为自己情绪的主人，让自卑成为你的燃料，而不是毒药。

没见过世面，我好自卑

打开自己，增长阅历

关键词 虚荣心 跨群体社交 外部认可

和大城市或家里经济条件比较好的朋友聊天时，你是否经历过以下内心活动：“没喝过星巴克，感觉很丢人怎么办？”“十八岁了，还没坐过飞机，是不是很丢人？”

似乎没有过某些消费经历，就是“没见过世面”，就会受人嘲笑。“世面”一词，指形形色色的社会情况，其实是一种口语化的表达，更准确地说，我们真正在讨论的其实是“阅历”。那么，喝过某个品牌的奶茶、吃过某某大餐、坐过飞机真的是有阅历的正确打开方式吗？

当一个人被形容“阅历丰富”，往往是说 TA 拥有超过常人的丰富经验、渊博学识、深度思考，对事情有由表及里的全面认知，能基于深层理解提出自己的观点。也正是由于这些经验、学识、思考，TA 往往会更有底气，做到遇事不惊、从容淡定。

由于我们处在消费主义盛行的时代，经验的获取、经历的增加常常与金钱挂钩。打开社交平台，人们晒出的精致生活往往由金钱堆砌：留学旅行 Vlog、演唱会返图、化妆品种草……在这样高频率的光鲜生活刷屏下，我们逐渐认可了这样“以偏概全”的错误逻辑：“见过世面”的人都很有钱，不花钱是不可能增长阅历的。

然而，将阅历与消费等同恰是一场消费主义的阴谋：利用消费者的虚荣心和“错位”的社会比较刺激消费。最终的目的只是商家的利益，并非个体的自我提升。

什么是真正的阅历？

01 吞噬金钱的虚荣心

人是社会性的动物，每个人都渴望得到他人的关注与认可。但有的人因为无法感受到自我价值，无法客观地看待自己的长处，缺乏内在的心理支撑，因此，在焦虑和恐惧下，他们可能会陷入虚荣心的陷阱——过度依靠外部认可的支撑。

高消费带来的表象正为他们提供了这样一条途径，让他们摇身一变成了那些看似生活丰富、见多识广的人。

“错位”的社会比较 02

人们在进行自我评价的时候，最常使用的就是社会比较（social comparison），即通过上行和下行社会比较，确认自己在社会中的属性定位。在品行、学识上进行上行社会比较，往往会让人们拥有更多学习的动力，值得肯定。但学识高低与收入多少并不完全等同，赚钱能力与消费能力也并非同一个概念。

在生活消费上无视经济基础进行上行社会比较，反而会让人对自我产生“很low”“很土”的认知，从而可能不顾经济实力冲动消费，最终入不敷出。跳出消费主义的骗局后，我们会发现，花钱可能可以增长阅历，但花钱绝不是增长阅历的唯一方式。

真正的阅历反映在一个人的谈吐修养、见识学识里，而这些并不一定要与物质挂钩。

增长阅历的正确打开方式

01 在影视作品里体验“换位人生”

许多时候，“阅历”的增长被我们自己的选择困住了。在人生的单行线上，选择也意味着舍弃。想要了解被舍弃的生活该是什么样的吗？不妨来沉浸式看看电影，体验一下“换位人生”：理性克制的人可以通过看电影体验感性放纵的人生；被条件束缚的人可以通过看电影体验自由无拘无束的人生；生活在当下的人可以通过看电影体验未来或者过去的人生……

在文学世界里看到多种可能 02

我觉得，当书本给我讲到闻所未闻、见所未见的人物、感情、思想和态度时，似乎是每一本书都在我面前打开一扇窗户，让我看到一个不可思议的新世界。

——高尔基

书籍是我们增长见识广度和时间深度的绝佳工具，为我们提供了整体、个体的多元视角：从《中华上下五千年》中看朝代的兴衰，了解历史发展的客观规律；从《苏东坡传》中旁观他起起伏伏的跌宕人生，学习才华魅力、修养品行；从《月亮与六便士》中体验追寻梦想的勇敢自由；从《霍乱时期的爱情》中看遍爱情的多种方式。

03 体验新鲜事物

亲身经历能够带来更加真切的体验感以及独属于自己的思考感悟。尝试新鲜事物，接触多样环境，丰富体验感的同时，阅历也会随之增长。比如，在学校参加过社团活动、组织过晚会节目的同学，有了参与组织活动的新体验，也就会逐渐明白合作与竞争、控场与调度等种种事宜。

勇敢踏出第一步，也许就为自己的生活找到了另一种可能。

跨群体社交：遇见另一种人生 04

想要增长阅历，首先需要知道自己的阅历边界，进而才能跳出所在的体系寻求突破。与其自己慢慢探索，不如广泛结交那些与自己不在同一知识体系下的朋友。就像苏东坡曾说：“吾上可陪玉皇大帝，下可以陪卑田院乞儿，眼前见天下无一个不好人。”

无论是跨学科、跨种类还是跨年龄的朋友，他们的经历体验与我们都有诸多不同：如果你有一位文科或者理科朋友，你就会知道什么是文理科生的典型思维差异；如果你有一位艺术生朋友，你就会知道他们并不是轻松地画画，而是专业、文化课“混合双打”，外出集训累到昏倒；如果你有一位忘年交，你就会知道他们一路走来的弯路坎坷、婚姻生活里的家长里短。与这些人接触和攀谈相当于体验完全不同的人生，快速又有趣地增长见识。

05 “网上冲浪”：开放包容

网络平台汇集了不同地区、不同种族的人们多种多样的信息，原本也是一个高效的增长阅历的平台。然而，由于大数据的个性化推送，人们在思维惰性的影响下更容易进入信息茧房的状态，只寻求与自己观点类似的声音。甚至由于上网更多地成了人们释放压力、消遣放松的方式，社交平台近年来更像是一个“解压阀”，充斥着人们在现实生活中无处宣泄的极端情感。

于是，网络上的攻击谩骂层出不穷，攻击谩骂的背后，只剩下日趋加深的群体间的偏见。而这些并不利于阅历的增长。

因此，通过互联网获取信息时，人们需要保持更加开放包容的态度：保持对新鲜知识的开放程度，为我们的大脑摄入信息时抛开自己的领域偏见，积极地思考和吸纳新知识，避免陷入信息茧房。以谦卑的态度接触真实的个体：正如消除偏见的方式之一是增加接触一样，以包容开阔的心态了解陌生的个体，会更容易让自己看到和而不同的世界。

同频共振

@小天狼星 black

可以慢一点长大的，即使觉得自己笨拙、怯懦也没关系，我们都活在自己的时间轴上。只要最终能成为想成为的那种人，这些其实都不是问题。

偷偷塞给你的小纸条

在增长阅历上，钱不是万能的。通过高消费的表象来掩盖匮乏的阅历不过是“附庸风雅”。

打开自己，通过阅读、通过高质量社交去看世界的另一面，你会成为一个令自己更加自豪且见过世面的人。

拥抱反差感：你的人生可以五彩斑斓

如何获得探索多元自我的勇气？

关键词 反转魅力 立体形象 探索自我 自由与限制

“天呐！ 你今天好酷，跟你之前的风格区别好大！”反差感总能带给人眼前一亮的惊奇。

每个人都有着不为人知的模样，不拘于世俗框定的活法而活着，于是出现反差和多元。世界也会因此更加有趣且精彩。

我见过最有反差感的人

01 形象反差

“学生头和挂耳染我都喜欢呀。” @小小

高考结束了。终于为十八年的努力与成长画上了一个句号。早在三个月前，就和同学约定好，结束高考后的那个晚上，就要“改头换面”。理发师托尼一遍一遍地上染膏的时候，我还有些恍惚。真的要说拜拜了，告别了我的黑发，告别了我的高中，告别了一段心无旁骛地向着目标奋斗的日子。最后吹头发的时候，托尼说，你比我想象中的更适合粉头发。

进出理发店，可以说是“判若两人”。我掏出手机，拍了一张照片发到社交平台上，并配文：“五点走出考场，六点表演‘大变活人’，这就是高考生的行动力！”有些意外，我收到了许多相似的留言，有人烫了大波浪、有人做了美甲、有人装扮成 Lolita。这一次，不需要怕浪费时间、怕耽误学习、怕爸妈不让，五彩斑斓的日子在五彩斑斓的“发疯”里开启了。

其实，我烫染头发、化妆并不是厌恶素面朝天的自己。相反，我也留下了许多校服短发的照片，将其视为清澈的回忆。只是，审美是多元的，我既能欣赏清纯可爱的自己，也希望探索自我张狂成熟的模样。

我已经开始期待毕业典礼那天了，不再是清一色的齐耳短发和干净校服，而是五颜六色的头发、五颜六色的衣服，青春终于不受限制地绽放了。也许，那天的老师会惊讶于三年来从不逾矩的我的改变，为这反差而惊讶。但我很高兴，做了自己一直想做的事情，挖掘自己的更多面。

爱好反差 02

“读书育人和吉他滑板我都要呀!”

@ 文文

化用我朋友的话，我简直是为教语文而生。因为喜欢穿长裙，偏好的着装风格又是温柔风，身边很多人都说我气质端庄优雅，特别像语文老师。我确实是个语文老师，但我并不只是“别人以为的”语文老师。我是语文老师，也是自媒体博主。我喜欢书刊报纸，也喜欢吉他滑板。

上班时，我会用最尽责的态度与最佳的面貌教授课业，但并不愿意将自己困于世俗对语文老师的刻板印象里。因为职业原因，我需要大量阅读，于是“腹有诗书气自华”的气质自然显现，但我也向往着充满活力的吉他弹唱与具有挑战性的滑板游戏。

语文老师是社会要求我扮演的角色，但下班之后，我是我自己。我可以在湖边公园背起吉他唱歌，也可以在主题公园尽情玩滑板，这样的我是最松弛、最真实的。我喜欢什么和我从事什么职业并不矛盾。也许有人觉得语文老师应该是文静沉着的、出口成章的，但单一的生活并不是我想要的，我希望自己是爱好广泛的。也是很偶然的机会，我成了自媒体博主。误打误撞地发了视频，被推上热门后忽然发现自己有这方面的潜力，并且分享观点让更多人看见会带给我成就感。当个“斜杠青年”，大约也是在努力成为更全能的人吧。

上班兢兢业业、下班自由洒脱。热爱生活的同时，生活亦予我许多快乐。工作已经十分忙碌了，所以生活里就想追求我的诗和远方。

03 性格反差

“高冷乖巧和可爱搞怪都是我。”

@ 花花

可能是因为我总是不苟言笑，很多同学都觉得我“高冷”“不好接触”。因为外冷内热的性格，加上比较慢热，我给人的初印象往往是“超级凶”，但如果机缘巧合能够相熟相知的话，我冷漠面具背后的甜美笑容就藏不住了。至于看起来凶，其实只是情绪稳定表情不多。

我的性格反差似乎像变色龙，随着环境变化而变幻莫测。和信任的朋友旅行时，我是失去语言功能的“社恐”。问路、要餐巾纸、结账……一切需要交流的事情，都会让朋友来做。而独自出行时，我不仅能够向陌生人大方地提出自己的诉求，甚至能在被推销员缠住时“巧舌如簧”，让推销员自愧不如。

虽然爸爸妈妈一直以为我很害羞，但其实有时候不愿意交流是因为依赖和信任同行的人，但这并不意味着我没有社交这项技能。我可以是被宠的乖乖女，也可以独立自主有个性。性格是多元的，乖巧和自主并不冲突。很多时候，乖乖女只是在有人负重前行的时候扮乖，但是在陌生人面前会启动自我防御机制，于是表现得成熟稳重。

高冷和健谈、乖巧和叛逆、依赖和独立，看似相对的词汇也能在一个人身上出现，只不过是在不同环境下对待不同人的不同选择罢了。

为什么劝你拥抱反差感？

01 探索自我

拥有反转魅力的同时，你也拓展了自己的更多可能性，变成了更好的、更全面的自己。反差感的养成也是自我认知探索的过程。如果不是勇敢地尝试，小小不会发现自己的“天选发色”；如果不是大胆地追求，文文不会发现自己的多元特长；如果不是自主地选择，花花不会发现自己的百变性格。

反差感的挖掘能让你摆脱外界给你或自己给自己框定的标签，然后发现：原来我也可以这样啊！

矛盾魅力 02

人群中，反差感强的人似乎更容易受到关注。因为无意间发现 TA 身上的某些特质完全颠覆了你的刻板印象，从而令你对 TA 产生更强烈的了解欲望，进而走近 TA，收获友情或爱情。不确定往往能勾起人的猎奇心理。当高岭之花有着与普通人相似的爱好习惯，当循规蹈矩的人干着狂野叛逆的事……这样的反差感使 TA 的形象似乎更加立体了。

很酷很帅的女孩子、可爱漂亮的男孩子、轰轰烈烈的八十岁，当矛盾的标签与特质出现在一个人身上时，我们在惊呼的同时，也会想要靠近他们，听听他们的故事。

不管是十八岁还是八十岁，都不用活得一成不变或是成为他人希望的样子。十八岁，人生才刚刚开始，未来有无限的可能，何必拘泥于一隅天地呢？八十岁，已经看遍人情冷暖，又何去迎合他人呢？

愿你不论什么年纪，不论身处何处，都有创造反差、探索多元自己的勇气。

同频共振

@阿泽

温柔和活泼似乎是不矛盾的，它们是可以出现在一个人身上的。

@心玉

或许反差感就是余光中先生翻译的那句诗：“我心里有猛虎在细嗅蔷薇。”

@风禾

有人住高楼，有人在深沟；有人光芒万丈，有人一身锈，世人万千种，浮云莫去求，斯人若彩虹，遇上方知有。

@iiiii 是我

我平时在不熟悉的人面前是 i 人一个，很害羞，但是在熟悉的环境里就很 e，反差很大。反差感真的很有趣，就像两种不同的人生。

偷偷塞给你的小纸条

心怀对未知的期许与无限可能，一步步向前，去拥抱前方的世界，去拥抱人群中的自己。

哪有人会喜欢孤独，不过是不喜欢失望

我们为什么会选择用孤独来抵抗失望感？

关键词　奖赏预测误差　自我保护　应激反应

大概每个人都经历过“因为害怕失望，所以不抱期望”的时刻吧，它通常发生在我们受挫之后，比如被好朋友冷落了、被爱的人忽略了，等等。当然，考试没考好对自己失望也会引发这种心态。

出于自我保护和防御意识，我们可能会在短时间内选择回避，用“不抱期待”来掩饰自己对爱和关心的需要，但通常过了这段应激期后，就会恢复到日常状态。

如果长期保持这种心态，会有什么结果？我们又是为何会如此害怕失望，宁愿用孤独来抵抗失望？

你为什么害怕失望？

01 奖赏预测误差有时会带来糟糕的感受

奖赏预测误差指的是，人们实际获得的奖赏与预期不匹配时会造成多巴胺分泌水平变化。当你认为自己该获得奖励而没有得到时，多巴胺分泌水平就会下降，引发负面情绪。失望也同理，你对他人的期待就是预期奖赏，当他们没有完成时，你可能就会被因多巴胺分泌水平变化而产生的失望情绪笼罩。

我们有时很难控制生理调节的负面情绪，体验过几次奖赏预测误差后，对失望产生回避心理也确属正常。

对别人失望会导致自我怀疑 02

除了体验到失望带来的落差感，你或许还会进一步思考：TA 没有做出我期望中的事，把原因归咎于自己。比如，朋友没有在你生日时送上祝福，你不仅会对此事失望，还可能产生自我怀疑：是不是我不够好，所以 TA 不把我当朋友，认为送不送祝福都无所谓呢？

人们害怕的并非简单的失望，而是失望背后隐藏的负面感受。此外，失望积累过多，可能还会产生对自己、对他人的无望感，即对任何事都不抱希望的极端消极状态。

害怕失望，所以不去期望？

从奖赏预测误差来看，当我们降低自己的预期时，即便现实情况很糟糕，也不会有此前那么大的落差感；当我们完全不抱希望时，任何看上去不差的情况都会促进多巴胺分泌，使人愉悦。但是，这种心态不值得推广，因为它的本质是一种消极的自我逃避，反而有可能导致自证预言。

自证预言最早由美国社会学家罗伯特·K. 默顿（Robert K. Merton）提出，指人会不由自主地按照个人内心的预言来行事，从而影响结果。当你预言友情终会使人失望时，你的行为、语言都会引领着你做出消极的或对友情不利的行为，等到对方离开后，你会想：“看吧，I knew it.”

长此以往，你可能会陷入“提出负面预言—预言验证—再次提出负面预言”的恶性循环，在不自知的情况下失去维护亲密关系的能力。同时，内驱力常常在我们有需要和期望时产生。如果没有期望，就没有动力，容易让人失去对生活的热情。

如何正确面对关系中的失望情绪？

01 调整心态：接受失望是生活的必然

“只要活着，就会失望。”你无法逃避生活中一些可能发生的失望，且因为他人而导致的失望常常是我们不可控的。你控制不了亲人的脾气、朋友的态度，也无法让不喜欢你的暗恋对象对你表白，允许失望发生，接受失望的必然性，就是承认我们对某些事的确无能为力，但不代表我们可以直接放弃。

而不接受失望、排斥失望情绪，等同于侧面表达“希望所有事情都在自己的控制之中，这样就不会有预期落差”，这是不客观也不理智的表现。

评估期望值并适当调整 02

尽管不赞成“害怕失望，所以不抱任何期望”的心态，但你可以通过分析目前期望的事件是不是你可以控制的，以及期望是否合理来适当调整心态。比如：你希望朋友能随时随地感知你的情绪，即便你什么也没有说。这显然是不合理也不现实的，TA 不是你肚子里的蛔虫，你不说，TA 怎么会知道呢？

意识到这点之后，你可以先将自己的期望调整到合理状态，比如，改为你希望朋友能在你表达情绪之后尽量理解你。然后，调整你对 TA 的期望值，理解并接受生活中可能发生的失望，养成“即便 TA 没有达到我的期望，我也能理解并主动和 TA 沟通”的习惯。

03 直接沟通期望背后的具体需求

失望之所以会发生，是因为在某些时候你并没有明确表达出自己的期望。你希望 TA 理解你，但你没有对 TA 提出过“我希望你能理解我的感受”；你希望 TA 多关心你一点，但你没有对 TA 说过“我希望在我生病时你能多安慰我几句”。

只有在对方理解、接纳你的需求时，才有可能努力去满足你的需要。即便你明确提出、适当沟通后，对方没有这么做，也绝非是你自己的问题。

我们或许会经历很多失望，才能获得成长的真谛

人的本能就是追求美好、留住美好，当这份美好没有实现时，就是我们面对真相的时刻。你会在和人交往的失望中，认清你对 TA 真实的需求，了解 TA 是否有能力满足你的期望，你们会在沟通中进一步明确对方的想法。或许，你也会遇到更坏的情况——你们不仅无法沟通，还因为层层叠加的失望破坏了这段关系。

这也很正常。

期望“所有关系都像我们想象中一样发展”本身就是不现实的，但或许，我们更应该做的是从这些糟糕的令人不太愉快的经历中总结经验，然后继续抱着期望向前。中国政法大学刑事司法学院教授罗翔在“如何面对失望”的命题上给出了他的答案：将失望看成“矢望”，“矢望”即朝着愿望射箭，矢志不渝地盼望。因为有盼望，所以我们可以忍受路途中暂时的灰心和失望，我们在此间感受到的怀疑和不安，都是为了最终更加确信我们自己。

同频共振

@Z. X. C.

孤独是铠甲，是不用在意行为和言论的我一个人的小世界。

@Re.

给大家分享一首喜欢的诗，顾城的《避免》："你不愿意种花，你说：'我不愿看见它一点点凋落。'是的，为了避免结束，你避免了一切开始。"

@倾月

即使站在孤独的月光下，转身只有黑暗，你也是星星，在熠熠发光，怕什么！

@今天睡醒了吗

有时候喜欢一群人嘻嘻哈哈、打打闹闹，有时候喜欢一个人在湖边吹风、听歌、漫步，平衡好一个人的孤独和一群人的热闹，享受不同的感受。

@Y

因为害怕失望，所以选择不抱希望，这就是从前的我，也是现在的我体内的一部分。

@Auguri

自洽真的很重要，自己开心就好啦，虽然作为高敏感人群之一的我做到这点很难，但是总是要靠近，靠近真实的自己，靠近属于自己的生活，不是吗？不要在意他人的感受，如果很难不在意的话那就在在意自己的感受的基础上再在意他人吧。

@刺猬鸵鸟与仙人掌

我也知道自己是在 PUA 自己，可是一旦停下来就会觉得自己要退步了。

偷偷塞给你的小纸条

希望你也能找到自己的盼望。

我痛苦地学习是为了以后能快乐吗？

抛开成绩，你是怎样定义快乐的？

关键词 自我意识　学习目的　快乐的定义

你怎么看待“快乐”这件事？

你认为“快乐”是人生的终极目的吗？

如果你不需要好好学习，也有不错的物质条件支撑你放纵享乐，你还想痛苦地好好学习吗？

“颇思蜀否？”“此间乐，不思蜀。”

——《三国志 · 蜀书 · 后主传》

我常在琢磨，一个人究竟有多“乐”，才甘于忘却理想的家园，忘却滚滚历史，忘却真如的自我。在“乐不思蜀”中，不思的对象到底是什么呢？使郤正悲痛的单单是后主刘禅的不思进取吗？仔细想来，刘禅真正令人痛心的从不是他流连于快乐之中，忆不起蜀汉那百十万平方公里的土地，而是他忘记了故国故人，忘记了未来和使命，并最终忘记了自我生命的存在。

如何定义快乐

01 快乐：魔鬼还是天使？

历史上的哲学流派中，有一些意识到了享乐对生命的戕害，于是竖起禁欲的大旗，力图以信仰般的清规戒律驱逐欲乐。例如，犬儒学派将最高的善理解为节欲，主张人应完全依照自然本性活动，弃绝官禄、艺术、科学等一切人造物；斯多亚学派主张人的德行应是自然法令的一部分，故而人类理应重视精神层面的修养并克制肉体欲望，以遵从一种绝对的宿命论。

可怜绣户侯门女，独卧青灯古佛旁。

但这样苛刻的要求必然激起相当一部分人的不满，于是过正地矫枉，又自然而然地催生极端的享乐主义。古希腊的昔兰尼派认为求乐乃人之本性，纵使行为不当，但只要快乐，便是至善；且肉体快乐远胜于灵魂之乐。相较之下，著名的快乐主义者伊壁鸠鲁更为中庸一些，尽管他大力鼓吹感官的快乐与欲望之满足，可更强调精神快乐要高于肉体快乐。

今朝有酒今朝醉，明日愁来明日愁。

你对快乐的定义决定了你是谁 02

那么，最大的问题在于，人给“快乐”的定义是什么？

快乐可不能被简单地归之于心情好。个体对快乐的定义的差异似乎已成常态：居庙堂之高自有万人敬仰之欢忭——春风得意马蹄疾，一日看尽长安花；处烟火巷尾亦有自惬悠然之恬愉——若无闲事挂心头，便是人间好时节。须知，当人们在沉思快乐的本来面目时，实则是觉察到自己缺乏何者以及为何缺乏的过程，这在根本上是一个区分主客、你我，并进而体察到自己是谁的历程。即是说，对快乐的界定，实质上是对理想人格的界定，是对自我边界的划定，是对自己生命的态度和预设。

所以人类快乐的含义，首先是并只能是对某一种愿景的向往，而这愿景本身，反过来直接规定了人——无论是群体还是个体——是什么。

因此，当落日熔金，有人独伫于灿然哀丽的霞幕之下时；当星影横斜，有人在仰察浩瀚无垠的银河时；当海天一色，有人紧扣着恋人的手闲踱于沙滩、街道时，那慨叹、感伤或激越等悲欢情绪所生发的内心触动才是第一性的，那触动使人渐悟到什么是黄昏，什么是天河，什么是你我。被触动的，是早已迷失于纷攘俗世中的实在心灵。纵然云霓与清风曾一同皴染一方暮色，但相异的生命刻度决定了云霓有它的去处，清风有它的归宿。

03 快乐神圣，人亦神圣

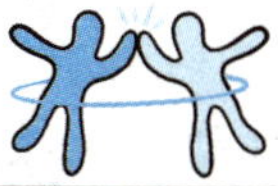

由此观之，人的快乐有无罪过或雅俗之分呢？

焚香、听雨、莳花、探幽为人所称道，那么电竞、斗鸡、饮酒、打牌就该被斥为洪水猛兽吗？

诚然，快乐与快乐之间无可比性，每个人的向往千差万别，故而每个人对快乐的具体追求有所不同。但这不意味着在个人主义或主观主义的辩护下抹杀对快乐的正当态度，恰恰相反，我们更应清楚那些在传统舆论中被封杀的所谓低俗趣味之低俗何在。

人之为人，正在于我们具有兽类所缺乏的超越性——只要我还能反思快乐是什么，还具有追求快乐的意图，那么人便秉持着超出禽兽本能的自我意识，就绝不会且更不应当沉溺于肉体的感受性。

快乐以及其来源可以本身无善无恶无伦理问题，快乐和兴趣可以无意义、可以“低级”，但我们不能忘记我们是谁。我们可以只是关心一些小事情，一些有关自己的小事情，诸如热爱时间、思念故人、希冀远方；做一个真的关注自己的人，像破晓时天倪的纯白。

我们应当讨论的是人的快乐，绝不可脱离“人”这个范畴而去妄议快乐。

如何获得快乐？

01 认真玩，认真活

每次快乐的实现都是一个阶段的自我实现，这为人标记生命的节点，使人感受到生命的实存，两者从不矛盾。我坚定不移地持有这样一种观点：苦乐都是形式，真正重要的是使人加深对生命的观照和体悟。

人生如同一把空白的直尺，快乐与痛苦就仿佛直尺上深深浅浅的刻度。有了这些斫痕，我们方可度量世界、众生或己身，我们方不会在一团混沌中浑噩度日。

我们绝不否定人的苦乐悲欢等自然情绪，但它们绝非目的而是手段，是通往人类、自我的路径。

因此，我们最应推崇的不是乐不思蜀，也不是苦而思蜀，是乐乃思蜀。“乐”与“蜀”都已被我们赋予了独特的意义。“此间乐，甚思蜀。”

学习带来的是痛苦还是快乐？ 02

董宇辉老师曾经说过，你背单词时，佛语伴随着转经筒正擦掠过布达拉宫的角檐；你记笔记时，大西洋热带雨林的金刚鹦鹉正衔下树上的浆果；你晚自习时，阿拉斯加的鳕鱼在夜晚的极光下正跃出水面。然而少年你不要着急，在你为了未来踏实努力时，那些你曾认为终生看不到的景色，那些你曾认为终身遇不到的人，那些你曾认为终年体会不到的快乐，那个熠熠生辉的自己正一步步向你走来。

同频共振

@王通

看了一整天的电视，玩了一整天的手机，表面上是得到了放松，感受到了快乐，实际上，更多的只是空虚，感觉一整天过得枯燥乏味。相反，刷了一整天题，看了一整天书，到头来有了满满的收获，成就感十足。这么看来，学习又何尝不是一种乐趣？

@幸福的未来

学习是个快乐的事，只是那些刻意的“任务”、对某个目标极端的追求和在每一次享受玩乐时把学习拉出来压抑自己说“玩乐没用”的念头，才构成了学习痛苦的假象。在学习中享受，享受一切已来的和未来的快乐，生活或许才更加从容和快乐。我总是不愿意学习，其实就是总告诉自己“接下来要去学习”这种想法阻碍了我，可我从来都没对自己说过“接下来要去玩手机”“接下来要去吃饭”，所以就不会有任务的压迫感，如果把学习化为生活、化为自我的一个碎片，或者说很自然地忽略“学习”这一任务，将学习化为人的自然本能，可能更容易推动自我完善。

偷偷塞给你的小纸条

本源的快乐，是会去养成丰盛的生命。

学又不想学，玩又不敢玩

你也有娱乐羞耻吗？

关键词 负罪感 劳逸结合 掌控生活

终于到了周末，总算可以把攒了好多集的剧追完，你抱着零食窝在床上，一口气看到大结局。可快乐的时间总是很短暂，一转眼天就黑了，你开始自责："半天的时间好像都被我浪费了，有这些时间我能刷好多数学题、背好多单词了！"再想想你的同桌，说不定这会儿 TA 正在奋笔疾书地做卷子呢，完了，肯定又要被 TA 落下了。心虚的你开始不安："课业压力那么重，大家一定都在复习吧，只有我玩了一天，好有罪恶感啊……"

放松这件事似乎总是需要一个正当的理由才能让你心安理得：需要下次考试成绩提高多少、超额完成多少卷子，然后才能奖励自己去玩一会儿手机休息一下并且不会产生罪恶感。明明没有人来要求你，但是如果自己把时间花费在了娱乐上，而不是学习或者老师家长眼中有意义的事情上，就会陷入深深的自责，你是否也有过这样的感受呢？

其实这就是所谓的娱乐羞耻，简单来说是指娱乐时或者娱乐过后有负罪感。明明玩了，但是感觉玩也没有玩好，娱乐变得不再纯粹，还不断地责怪自己挥霍时间无度："我好像还有许多事情要做，怎么能在这里玩呢？我不应该把时间浪费在玩上！"

怎么能浪费时间在玩上？

从我们上学的那一刻开始，我们就被要求好好学习，上一个好的中学，考一个好的大学……

好像身边的人都在说："一定要好好学习，将来才能有出息。"书里也说："一寸光阴一寸金，寸金难买寸光阴。""少壮不努力，老大徒伤悲。"所以我们和时间赛跑，分秒必争，早出晚归，刷着一套又一套卷子，一遍又一遍地复习知识点，走路的时候听听力，吃饭的时候记单词，琐碎时间也不放过，时间都要花在“刀刃”上。

我也同样有这样的烦恼，结束了一周的工作，终于盼来了周末。早上，和床来了个你侬我侬，难舍难分，接着开始刷短视频，吃零食，不知不觉一天就过去了。打开朋友圈，发现大家有的在运动、外出游玩，有的居家学习提升自己，这一刻才后知后觉，原来这一天什么事情都没做，看着别人都过得好充实，而我却浪费了这个美好的周末，就不由得开始不断责备自己的懒惰，陷入自责的情绪。

我们为什么会有这样的情绪？

01 潜意识认知

我们之所以会有这样的情绪，是因为在我们的心中认为有用的才是有意义的。我们把工作、学习理所当然地当成是我们应该做的事情，并且带有很强的目的性：我一定要学习好，我一定要把这项工作完成得很出色，这对我来说就是当前最重要的事情……

相反，对于那些有趣的但是没有什么用的事情，我们会在潜意识里将它们看作不重要、不会对自己产生好的影响的事情，即使不去完成，也不会对自己产生负面结果。所以我们就会认为在这上面花费大量的时间是在浪费光阴，并因此感到羞愧。正是这种想法让我们将学习、工作与玩放在了对立面，所以我们总是无法正视自己的娱乐需求，好像这两者就应该是背道而驰的。

外部因素影响 02

“你要是把玩的时间都用在学习上，你早就考年级第一了。”“你看谁谁家的孩子，人家那么晚了还在学习。”“玩有什么用啊，学习好了才能有出息，你得多学习。”我们似乎总是能从父母口中听到这样的话，这些话总是会在我们正常放松或者娱乐的时候不经意地在耳边响起，潜移默化之间，我们正常的娱乐需求也变成了是在浪费生命，这种思想的“入侵”使得我们更加坚定地认为玩就是在浪费时间，从而产生罪恶感。

03 同侪压力

同侪就是同辈，同侪压力是指来自同龄人的压力，它会影响一个人的行为方式和决策。虽然同侪压力并不总是有害的，但在某些情况下，它可能会导致负面的结果。就像上文提到的，你在玩的时候，总会假想你的竞争对手此刻或许在学习，他也许会在下次考试的时候超过你。同侪压力会让你觉得自己此刻并非像他们一样在努力学习，加之你的好胜心作祟，就会促使你产生娱乐羞耻的心理。

如何摆脱娱乐羞耻的情绪？

01 玩并不羞耻

首先你要明白，玩并不是一件羞耻的事情，它也是我们情绪的必需品，你不需要每时每刻都沉浸在有意义的工作或学习中，让自己开心幸福的事情，本身就是非常重要的事情！

学习和工作固然重要，但是除了这些事，当下的情绪和感受也是我们应该重视的东西。如果长时间让自己处在一个紧绷的状态中，不停地做那些所谓的有意义的事情，会让自己变得消极，反而不利于我们的成长。玩是令我们放松的事情，懂得放松的人才能走得更远。

劳逸结合 02

娱乐有助于减轻压力和紧张感，劳逸结合才是最好的选择。劳逸结合有利于提高学习效率，因为大脑是全身新陈代谢最活跃的器官，对氧的需求量很大，长期高强度用脑会导致大脑疲劳，影响学习效果。

劳逸结合可以让我们保持高效的学习状态，保证学习的效率和成果。玩的时候好好玩，学的时候认真学，娱乐和学习才能做到真正的相辅相成，人要适度地保养自己的身体才能走更长的路。劳逸结合，适度娱乐，保证身体的康健，保持精神的独立，我们就不会成为娱乐的奴隶，而是让其为我们所用。

03 懂得掌控自己的生活

之所以存在娱乐羞耻感，还有可能是因为你不知道自己想要什么。你看到身边的人都有自己擅长的领域，所以你也想要成为那样的人，但是你不知道自己能不能做好、选择的对不对。你总是担心自己在娱乐的时候把时间浪费掉了，所以你在娱乐的时候就会陷入自责的痛苦，即使是在娱乐，也很难放松下来。

你需要对自己的学习和工作有一个清晰的认知，了解自己适合做什么，明确自己想要的究竟是什么。尝试掌控自己的生活，一旦确定了，就朝着那个方向去努力，不要被其他人所干扰。要明白，每个人都是独立的个体，他们适合的东西，也许并不适合你，管理好自己的生活就好。

娱乐并不是摆烂，适当的娱乐真的不需要感到自责，寻求幸福和自我实现才是生活的根本目的，无论是学习还是娱乐，都是为了更好地自我探索和自我满足。如果我们因为各种各样的原因，忘掉了如何去正视自己玩乐的需求，忘掉了如何取悦自己，那只是活着，而不是生活。

娱乐不是猛虎，大可不必谈“娱”色变，也不必为了放松而感到羞耻。愿你拥有健康且高效的努力方式。

同频共振

@MIDSUMMER.

我就是觉得能让自己开心的事都不叫浪费时间，我都在学校高强度学了五天了，凭什么不能歇会儿？但是如果周围的人不停地提醒你去用平时的时间赶超别人，久而久之你也就可能不想学习了。

偷偷塞给你的小纸条

在你想要获得快乐的时候，你只需要享受快乐就够了。

我把所有恶意都留给了自己

如何停止自我 PUA？

关键词 自我 PUA　同侪压力　自我提升

你知道 PUA（Pick-up Artist）吗？

这个词对于今天的年轻人而言不算陌生。

你应该或多或少听说过一些 PUA 事件，可能会觉得 PUA 离你还十分遥远。但你不知道的是：你可能也一直在被 PUA。

因为，PUA 不仅仅可以来源于他人，也可能来自我们自己。

我真差劲

高中的时候我总想着当第一，只可惜眼高手低。我看着那些比我优秀的人，他们不仅学业比我好，甚至课外的东西也学得很多、兴趣爱好广泛。我每天都在挣扎着向前，却丝毫感受不到进步的快乐，因为总有一个声音在我的耳边萦绕："这么多人比我强，我真糟糕。"我很害怕成为一个"普通人"，只要不是"最好的"，就是泯然众人的下场。等到好多年后才明白，原来不一定要这样。

@叹谦千

这种看起来似乎有点矛盾的自我批判，就是自我 PUA。

将 PUA 的技巧套用在自己身上，通过否定自己、摧毁自己的自信心，从而实现对自我的情感控制，这就是自我 PUA。

也许你不会有上面这位朋友那么强的自我 PUA 心理，但其实在很多小事上，我们也可能存在着这样的倾向。

发现近期体重增长——"都是因为我又懒又贪吃，太差劲了。"

学习时累得想要休息——"其他人都没休息，我为什么总是想着休息？"

出行时突然下雨——“都是因为我没提前计划好，我怎么什么都做不好？”

……

源自他人的自我 PUA

看着那些乐天派的人们，我们也总会思考，为什么自己这么容易自我 PUA 呢？

01 来自父母的 PUA 传统

早期儿童对于世界以及自我的认知都源自父母，并且对父母十分依赖。

如果在这个阶段，父母没有认识到“孩子犯错是认识世界的一种方式，是正常现象”，而是一味地将问题归咎于孩子本身，指责孩子一无是处，那么孩子不会意识到“父母的教育方式是有问题的”，而是会不自觉地学习这种模式，在随后的生活中，遇到问题就只会觉得“全是自己的问题”，从而可能形成自我 PUA 的习惯。

而这种自我否定可能会进一步发展为对自己的全盘否定，当一件事情做得不好，他们不会思考“自己哪里没做好”，以便下次改进，而是上升至对自己的贬低，下结论式地告诉自己：是因为我整个人太差劲了。

同侪压力无处不在 02

十六岁，跳过高考，我保送到了清华。

十八岁，独自一人去欧洲进行毕业旅行。

二十五岁，拿到了年薪 50 万元的 offer。

……

飞速发展的社交网络让我们看到了网线那一头同龄人的精彩生活，而这种精彩生活又会给我们带来如影随形的同侪压力（peer pressure）。

我们刷到的这些优秀同龄人的信息，让我们在上网的闲暇时刻仍不断地做着上行社会比较（upward social comparison）。

美国心理学家爱德华·惠勒·斯克里普丘（Edward Wheeler Scripture）Wheeler 等人认为，个体喜欢和某方面比自己好的人进行比较，以达到寻找差距、提升自我的目的。

但如果我们比较的对象与我们目前的情况或近期发展情况差异过大，就会产生自我贬低与沮丧的情绪。而长期的同侪压力与上行社会比较也就带来了长期的自我 PUA。

不再 PUA 自己，我该怎么做？

关于如何停止自我 PUA 的话题，在微博上曾引起热议，说明不少自我 PUA 的人在寻找着出路，那出路在何处呢？

01 合理归因

自我 PUA 最常见的一个心态就是将问题的核心归纳到自己的“缺点”上：“我太懒惰。”“我不够优秀。”“我想得不够清楚。”……

但其实在我们生活中有很多事情不需要做内归因（internal attribution）。就像遇到突变的天气，就不需要内归因为自己考虑不周，毕竟我们也不是诸葛亮。或者发现他人特别优秀，也不用一味地内归因为自己的努力不足，可能是先天存在的天赋差异或者是后天资源差异。

但话又说回来，我们也不是推崇遇事便摆出与我无关的心态，而是要针对问题进行具体分析，找到自己的具体过失所在并加以改正，而非一味地对自己贴标签。

接纳自己 02

“接纳自己”是近些年来很多人强调的一个概念，指的是做到坦然、完全地接受此时此刻的自己，接纳范围包括自身美好和不足的部分。

对于如何接纳自己，你可以尝试以下方法：

（1）尝试列举自己的优点，找到自己的闪光之处。

（2）反抗内心的指责者，告诉它：“感谢你提醒我，但我已经尽力了，我认为我很棒。”

（3）破除以往失败的经验所造成的束缚，勇于放下悲伤的心境，向前迈步。

（4）从深层认知上认识自己，牢记“你首先是你，其次才是学生、女儿/儿子”，将“自我的完整性”看得更重要一些，适当弱化“身份”的影响力，从而做到接纳自己，成为自己的朋友。

其实自我 PUA 的人，本质上是不满于现状、想要提升自我的人。

有不满于现状的上进心是好事，但我们无须时刻用他人的标准来苛求自己，更不需要通过贬低自己、责怪自己的方式来督促自己。

相信从意识到这一点开始，我们可以从对自己的罪恶感和贬低中解脱出来，更多地用嘉奖、自信的眼光看待自己，拥抱更好的自己。

那更好的明天，也正在向你挥手。

同频共振

@Sophia

每个人都有自己的闪光点，你在羡慕别人的同时可能别人也在羡慕你。做一个不被定义的自己，保持热情自信，为自己的梦想而努力奋斗，成为更好的自己，成就更好的明天。如果你觉得你现在不如别人，那就好好努力，比昨天的自己更加努力，这就是一种进步。请相信自己可以做好，你是最棒的。始终坚信成为自己梦想中的样子就是最好的成就，所以请努力吧，不要管外界带来的流言蜚语，尽管放手去做最好的自己，你真的很棒！

偷偷塞给你的小纸条

坚定地和自己站在一起，永远拥有自给自足的安全感。

拧巴的人该怎么做出选择？

为什么我选的永远是错误答案？

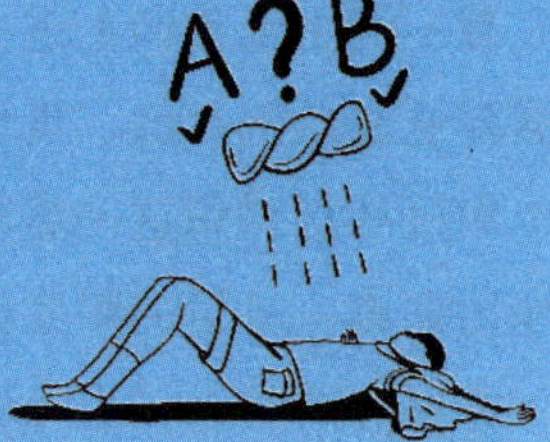

关键词 精神内耗 选择困难症 患得患失

感觉自己活得很拧巴，一点点小事就会患得患失。比如说今天竞选班委，明明是我自己没有上去竞选，却总是会感到失落和遗憾。该怎么样才能让自己的心态更好呢？

@匿名

那些年，我做过最难的选择题

01 没参与，但我希望那个人是我

初中的时候，我们班竞选班委，我准备了一段很长的发言稿。可是，当老师让想参与竞选的人上台发言时，我却没敢举手。我看着同学们一个一个走到台前自信大方地进行竞选演讲，我开始怀疑自己，越来越紧张，一直战战兢兢，磨蹭着不敢站起来。后来老师问了三遍“还有没有同学愿意竞选?”，我依然没有回应。竞选结束后，我真的很懊恼。我觉得自己成绩不错，平时经常帮老师收发作业，同学们有不会的数学题都会来问我，就在竞选前，还有同学跟我说：“你肯定会竞选学习委员吧，到时候我选你!”要是我当时参与了竞选，说不定就可以选上。

高中的时候，老师问谁愿意当学习委员，班里没有人举手，包括我。可是，当老师说“那我就指定一名同学时”时，我却很希望那个人是我。

那么问题来了，这个班委竞选，我到底是想参加还是不想参加？如果我不想参加，为什么会在事后感到遗憾和失落？如果我想参加，为什么连上台竞选的勇气都没有？

朋友的约定和重点班名额哪个更重要 02

模考前的那个周末，朋友邀请我们去她家开 party，这是我们最后一次聚会，今晚过后，她就会和家人一起移民国外。我们经常在一起玩的朋友有五个人，除了我之外，其余三个人都如期赴约。我纠结了很久，最后还是听从父母的建议，给朋友打了电话，拒绝了她的邀请。

其实，我也很担心自己会因前一天的聚会影响考试的状态，毕竟这次模考的成绩关系到进入重点班的名额。但是，考完试之后我却很懊恼，觉得去了聚会也不会影响考试。多年的陪伴，却以我的爽约作为最后的告别。即使朋友说了可以理解、不介意，但我依然觉得很对不起她，觉得这件事已经影响了我们的友情，觉得其他三个朋友一定会认为我冷血无情。

这件事之后我们依然保持联系，依然像往常一样聊天，但是我总觉得我们的感情和以前不一样了，总觉得他们四个人有事瞒着我。我担心朋友们会离自己越来越远，终有一天会把我排除在他们的世界之外。

那么问题又来了，对于我来说，朋友的约定和重点班的名额哪个更重要？如果前者更重要，为什么我会选择后者？如果后者更重要，那我又在后悔什么？

为什么我总选到错误答案？

其实大多数人都会有这样一个时期：无论做出什么选择，总是不能让自己满意，被一种奇怪的情绪拉扯着，迫切地想要一个标准答案。我们总是很自然地选择别人眼中的正确答案，却始终不知道“自己真实的想法”在哪里。

之所以会形成这种心理，是因为内心情感需求的部分无法被满足，同时又时刻被要求遵守及回应某些道德或秩序的规则等外部世界的诉求，内心始终处于冲突与挣扎之中，无法形成与自己内心想法相对一致的行动。

这就是我们活得“拧巴”的原因。

如何改变这样的自己？

01 大胆表达，你担心的事不会发生

我害怕表达自己的想法，即便我觉得那是非常优秀的想法。我怕别人把目光都聚焦在我身上，更怕自己的想法不被认可，被别人议论。所以我宁愿浪费想法，也不愿意表达。多一事不如少一事……我害怕被别人拒绝，不敢主动说出自己的需求。所以我经常被动地做一些本身没那么喜欢的事情。知行合一，真的是一件很难的事。

上面这些问题基本可以分为这几类：明明是自己不喜欢的事，却因为一些原因选择坚持，崩溃又无法放弃；明明是自己喜欢的事，不敢主动争取，选择放弃，最后暗自惋惜；明明有喜欢的人，却在对方靠近时顾左右而言他，选择逃避，将自己淹没在人海之中。

想要什么就大方说出来，表达情绪就明明白白。对你有善意的人绝不会让你陷入尴尬的局面；遇到冤枉你、误解你的人时就大胆回击；对于那些你本就不在意的人，随他们去。勇于展示自己，不要被竞争的压力吓倒。他们很好，但至少，你也不差。提出自己的需求并不是自私，“打直球”要比“拧巴”的状态更好。如果你确信自己是正确的，那么就笃定自信。如果知道自己有错误，那么就付诸行动，尽力改变。

允许发生，不必为了过去的事耿耿于怀 02

一些事情，选择让它过去。我们改变不了过去，也预知不了未来，我们能做的只有对当下负责。过去的选择对也好，错也好，它已经发生。也许现在看来错误的选择会在未来的某一天让你为它感到骄傲；也许现在看来庆幸的选择会随着时间的流转带来意想不到的麻烦。

真正的强大不是对抗，而是允许发生。允许遗憾，允许有人不选择你。允许付出却没有收获，允许结果不那么尽如人意。让自己成为自己，也允许别人成为别人。只有当我们真正放下对结果的执着，才能拥抱人生的复杂与多样性。

放下过去、允许发生，不意味着我们要轻易放弃对自己和他人的期望。这不是对行为的妥协，而是对自己的宽容和理解。这不妨碍我们继续奋力追求目标，更不影响我们成为更好的人。

03 停止脑补，不要为没发生的事情焦虑

“雨还没下，撑伞是多余的；天还没黑，点灯是多余的；风还没来，关窗是多余的；你还没爱，我的奔赴是多余的。”人的很多烦恼都源自对一些子虚乌有之事的担忧。事情还没开始，就脑补出一连串惊险刺激的剧情，提前将自己代入一段悲惨的命运然后就真的生出许多负面情绪，被虚构的事情压得喘不过气。

事实上，真到了预想中的那一步，人们未必会像自己所想的那样去做。事情发生前和事情发生后的我们往往不是同一个人。

人生没有标准答案。

没有几个人能做到完完全全的洒脱，对于自己做出的所有选择，也无法做到百分之百的坚定，但重要的是，无论怎么选，都要用尽全力，少留遗憾。如果已经留下遗憾，那么就在下一次毫不犹豫地为之向前奔赴。

不必小心翼翼，也不必患得患失，愿赌服输，学会接收结局的惨败也是另一种收获。

同频共振

@樱

乐观点儿，就算搞砸了又如何？你的生命和灵魂本来就是由各种起起落落、不完美和横冲直撞拼接而成的。

@橘子海

活得拧巴也没有什么不好的，它让你不同寻常，让你的思路和别人不一样，让你对待事情更真诚。所以接受并且珍惜自己的独特之处，调整好自己，不管什么选择都能通向梦想的彼岸！

偷偷塞给你的小纸条

真实看待自己的情绪，只面对自己，不必问明天。愿你走遍所有的路，所遇皆温柔。

不敢提问，不敢回答，不敢说自己不会

怎么走出提问焦虑？

关键词 逃避心理　提问羞耻症　不懂装懂

数学老师在白板上激情解题，而你拖着昏沉的脑袋，看看老师写下的“天书”，又看看手里的卷子，脑子里只剩下一片空白。“学不懂一点儿啊，怎么这样之后就那样了！”就在这时，往往会出现一个沉默的停顿，老师环顾班级后，试探着问：“大家听懂了吗？”

你也许会心虚埋头，也许会假装点头，但心里却期待着某一个“勇士”主动提出“听不懂”。只是很遗憾，全班都鸦雀无声。于是你只能不懂装懂、蒙混过关……

学生时代，诸如此类的场景并不少见。忘记从什么时候开始，向他人表明“听不懂”的真实感受似乎变得“难于上青天”。

你也有“提问羞耻症”吗？

提问羞耻症，顾名思义，就是经常出于担心丢丑、被批评、被看不起等原因，而不敢提出所谓的“愚蠢的、没见识的”问题。

尽管这个问题在得到确定的答复或解决后，于自身而言会有所收获，但比起提问时面临的可能暴露自己“无知”的风险，你更愿意选择“不懂装懂”地逃避问题。

其实，“提问羞耻症”不仅仅在课堂上困扰着你，也可能悄然地蔓延至工作、生活的各种情景中。

01 场景一：购物时

当你在商场闲逛时，偶然看见一个精致的笔记本，一下子戳中了你的心。你仔仔细细翻找了本子周围的所有位置，也没能找到价签。犹豫再三，你还是带着它战战兢兢地走向收银台：一个本子而已，应该不至于买不起吧。最后，你看着支付界面刷走的“巨款”，懊恼道：“我应该先问问价格的……”

场景二：餐厅里 02

你浏览着陌生餐厅的菜单，看着极具文艺气息却不明所以的名称，或是一直期待但不曾品尝的菜品，想向服务员确认原料，却又担心自己的提问有些“愚蠢”。于是，“盲盒式”点了几个名字顺眼的菜。端上桌后，却发现每个菜品里都有自己从小到大都不吃的东西……不过是一句“这是用什么做的”，怎么就“话到嘴边口难张”呢？

为什么我会“不懂装懂”？

“听不懂”“不知道”是非常正常的感受，课堂上、生活中，甚至是人际交往时的用词或话题，都有可能令人产生疑问。而“提问羞耻症”的来源，便是对自己的不自信。

当接触不了解的事物时，我们因为不自信而恐惧暴露“无知”，担心提问会让外界觉得自己理解能力差、不够聪明、缺少见识、没有能力。出于对外界负面评价的害怕，不愿迈出“尝试提问”的第一步。但“不听不问”的结果，便是需要花费更多的时间、精力乃至金钱作为“探索未知”的成本，进一步陷入“我很渺小”的内耗情绪。再次遇到“想要提问”的时候，更加恐惧自己的“无知”被人看见，于是陷入糟糕的恶性循环。

在互联网时代，社会信息泛滥，有更多渠道接触新知识，同样，也会更多地看见自己的“渺小与无知”。当“千人千言”在网络中铺展，一些“愚蠢的提问”或“不够正确的发言”，一不留神便会被“理中客”与“键盘侠”抓住并进行一顿不依不饶的输出。在这个过程中，提问似乎更加成了勇敢者的权利，甚至出现“不知者无畏，略知者不敢言”的情况。

告别“提问羞耻症”

01 提问≠愚蠢

如果你想要治好“提问羞耻症”，首先你要明白，提问并不表明你是无知的，更不代表你是愚蠢的。能够提出问题，非但不是你“不聪明”，反而是你思维活跃、善于思考、勇敢表达的体现。

当你对某事了解不够全面时，不必将其归咎于自己的“愚蠢”。即使圣贤也会有一知半解的领域，你又何必以“通晓世事”来自我要求呢？况且，大部分的“听不懂”并非听者一人的问题。

研究表明，人与人之间的交往存在沟通漏斗效应，当对方想要传达100%的内容时，实际表达的或许只有八成，而被听见的、被理解的部分则递减为60%与40%。

所以，不必因提问而自我否定。提问不是无知，而是勇敢的求知与自我的探索。

勇敢发言 > 不懂装懂 02

学习上，比起选择性地忽略某些问题，不妨尝试提出“这个步骤不太明白”，能让老师更透彻地讲解知识，适时改变教学方法，或许受益的不仅是你，还有同样不敢提问的同学；生活中，比起在沉默中“不开心”地消费，不如勇敢地向服务员提问“这是什么做的”“这是怎么卖的”，提升自己的购物体验的同时，也能让商家意识到不足而改进。

倘若你还是难以面对面地“提问”，或许可以尝试先以网络聊天的方式提出自己的困惑，从隔着屏幕开始，慢慢地走出“提问羞耻症”的怪圈。在“提问—被解答—再次提问—再次被答复”的尝试中，你会不断地充实自我，触碰更广阔的世界，坦然地接受自己的渺小。

同频共振

@她说好困

我倒是不怕找老师问问题，但是老师给我讲完我要是没听懂我就会假装我懂了，不好意思说自己没听明白，然后什么收获都没有地跟老师说谢谢，回到座位上。

@小吴没烦恼

上次我参加活动看到一种我从来没见过的笔，当时我们要填写东西，我不知道怎么打开它，我犹豫好久到底是问还是不问它的使用方法，最后我选择了问，没想到这支笔是旋转笔，不是我们平常见到的用笔帽打开或按压式的笔。

@星星

每次老师问："还有没有同学没听懂？"我都是把头埋得越低越好。其实确实是有很多问题，但是大家都没问，我也不敢问。也不知道是因为怕老师批评，还是怕同学笑话。

@盲盒宝贝

我是上课时觉得听得晕乎乎的，不知道懂了还是没懂，不知道问什么，也说不出自己哪里不会。

偷偷塞给你的小纸条

别让不敢问、怕出丑成为你更加强大的阻碍。

即使"说得不对、想得不好"，但至少你足够勇敢，也愿意思考。

希望你自信地提问，努力地成长，消除无知的恐惧与羞耻的桎梏。

如何让人第一眼就喜欢上我？

提高印象分的心理学小技巧

关键词 首因效应 第一印象 影响力

为什么有的人天然更受欢迎？为什么自己说话就没人有兴趣听？我也想变得更加人见人爱，有什么办法能给别人留下一个更好的印象呢？

我们都想给别人留下更好的第一印象，这样的想法其实不无道理。虽然真正了解一个人需要一段时间，但第一印象通常决定了人们是否愿意花时间去了解一个人。

这也是心理学中首因效应（primacy effect）的一个典型例子："很多人说，第一次见面时感觉如何如何，后来态度慢慢转变了，但是总忘不了自己第一次见面时的感受。就像学习知识、技能，总是牢记最初接触到的，费很大的劲才能改变。"

我们在接触一个陌生人七秒时就会产生第一印象，感知到的所有细节都会影响后续对这个人的态度和看法，比如你的眼神表情是否正常、行为举止是否礼貌、穿着打扮是否得体等，这在许多面试或相亲的场合更是体现得淋漓尽致。

下面提到的几个心理学上的小技巧，或许能够为正在苦恼如何给他人留下好印象的你提供一些参考思路。

先拿出你的热情劲儿

心理学研究表明，同样是社会知觉的基本内容维度，热情相比能力具有优先性，这被称为热情优先效应（the primacy-of-warmth effect）：人们在观察他人时，相比评估对方的能力如何，其实会更重视对方是否热情。

近期的一项眼动研究发现，个体对热情面孔的注意力比能力面孔更加警觉且持久，这证明了在面孔加工中也存在热情优先效应。对方看上去是否热情对我们的注意力是否持久和行为判断过程更加重要，比如微笑和友好的幽默感会让人感觉"这个人似乎蛮好相处"。

在第一次见到一个人时，先别急于展示你的能力有多强，可以将重点放在展现热情上。能力与热情的双视角模型（Dual Perspective Model，DPM）指出：人们在知觉他人时会更注重热情，在知觉自己时则会更注重能力。举个例子，假设你要和一群新同学完成小组作业，在第一次讨论时你就一股脑地把自己知道的全说了，或许你以为你是在很好地表现自己，但给人留下的印象可能会是“懂得多不多不知道，挺会展示倒是真的……”

观察者和行动者两个视角确实存在差异，且还会带来互动中的误解和冲突。因此，初次见面时，我们可以先表现得热情一点，留下好的第一印象之后别人才会愿意花更多时间继续了解你，包括你的为人和你所拥有的能力，所以不必太急于表现。

尊重最基本，也最容易被忽略

尊重是相互的，要想得到一个人的尊重，我们自己要先做到尊重对方。比如从小一直被教导的礼貌用语，“帮我递一下水杯可以吗？谢谢！”以及很多时候被忽略的寻求对方同意的表达，“你介意我拿你的笔记补充一下吗？”

除此之外，对身边其他人的言行表达更充分地体现了一个人的人品。比如你和有好感的人在外一同吃饭，除了礼貌地对待对方，也要做到尊重服务人员，不然真的会让人很讨厌。

每个人都有自己的隐私，侵犯到个人空间和关系界限的事情都会让人感到不适。不管你和对方的关系已经多么亲密，做到相互平等和尊重仍然很重要。

别固执己见，开放一点

对于你没有听过的新观点和没有看过的新事物，尝试保持开放的态度。就算你不能完全理解对方所说，但“尝试站在对方的角度去思考”就是难能可贵的事；就算你对一件事不是很感兴趣，但让对方知道“你很乐意一同尝试新事物”也很重要；就算你不赞同对方的某个观点，但做到“接受每个人都有不同的想法”其实已经足够。

用开放一点的态度和人接触，人们会更愿意与你交流，并且乐于听取你的意见。因为他们知道自己说什么都不会得到质疑，而是真诚的接纳和回应。人与人之间的距离往往是在这种平等、开放、包容的互动中逐渐缩小的，“感觉到对方在尝试理解自己”也会让你们更加信任彼此。

爱笑的人运气不会太差

每个人的生活中的确都有许多糟糕的时刻，有时一些很小的事也足以压倒我们，但如果能够发掘这些事的另一面，看到困境中的美好，人们通常会被我们的这种韧性所吸引。比如同样是“自行车骑到水沟里了”，一个人用幽默的口吻讲述了这个故事并且自我调侃，另一个人用悲观的角度解读了这件事并且一直抱怨，从长久来看你会更愿意与谁相处呢？

不提倡盲目乐观，但要积极展望未来。很多时候，困住我们的不是困境，而是我们面对困境时的心态。许多人喜欢和“开心果”交往，可能并不是他们就讨厌悲观的人，而是与“开心果”相处让他们看到了更多走出困境的信心，“开心果”似乎更加值得信赖。久而久之慢慢被同化，能够做到“完全信任自己”。

影响力 = 力量 + 温暖

除了有热情、尊重、开放和积极的态度，美国沟通学家约翰 · 奈芬格（John Neffinger）和马修 · 科胡特（Matthew Kohut）提出：第一次见面就能对他人产生影响的人往往同时表现出了力量和温暖两类特质。

01 表现得更有力

秘诀是利用身体姿势展示自己的力量，这样整个人会显得高大或者占据更大的空间。改掉驼背的坏习惯，背部挺直，其他地方放松，这会让我们感觉自己更有力。假设你看到两个人正在交谈，做出更多手势或触碰的人会让你感觉他在主导对话，主动触碰对方（在不带来侵犯的前提下）让人显得更有力量感。

人皆有误，及时认错体现了你有承担责任的勇气，同时也要说明你打算如何改正，诚恳认错体现了你拥有解决问题的能力。

表现得更温暖 02

给予爱意：假笑让人尴尬，冷笑让人恐惧，尝试一下带有惊讶感的微笑吧！这让人觉得你在接近他们时不带有防备，开放而柔软。微微抬起眉毛、睁大眼睛，就像收到心爱的礼物一样；如果你担心笑得不自然，可以回忆让你感到温暖的人或事物。

给予归属感：如何让人感觉你们是一类人？其实很简单，一是动作同步，比如 TA 喝水时你也可以跟着拿起杯子嘬一口；二是表达共情，或许你没法完全理解 TA 所说的内容，但让对方知道你在努力理解并和 TA 站在一起很重要。

我们可能都习惯了在他人眼里保持良好的形象，好像这样我们才会被喜欢，才值得被爱。但事实并非如此，你永远值得被爱。

的确在刚开始认识时可以通过一些技巧来获取更多关注，吸引想要深入交往的人；但推动关系发展的一定不是时刻精细的盘算和过多的人际管理，暴露缺点的那些时刻你们才更了解真实的彼此。或许你们的经历不同，但体会到的感受或许是相通的。

同频共振

@叶 S OR YES

如果你真的说错话了，就要比较坦诚地及时去道歉，说一句对不起，这其实不是服软。

@小马宝莉

注意细节是很重要的。不仅要注意自己的言行举止，与人刚接触的时候也可以关注对方的穿着打扮，在适当的时候夸一夸对方。而且彼此相处的话，也要在各种行为细节上留心，比如吃饭不要发出声音，坐一起不抖腿。

@天上星星有几颗

我发现不管男生女生，如果平时能在体态上都落落大方，肯定会给人留下比较好的印象。一方面要自信，不能畏首畏尾，害怕不会做某事或者不熟悉某方面；另一方面也可以在脑海里先排练一下接下来的情境等，做好心理准备。当然衣品好的话就更加分了。

偷偷塞给你的小纸条

愿你有勇气尝试改变，也愿你能够接受不变。

和人说话时手总不知道放哪儿

四种社交手势技巧，开学和同学拉近距离

关键词　社交手势　表达习惯　个性化表达

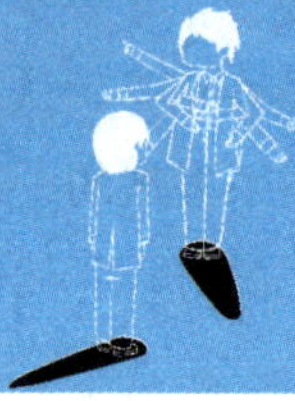

肢体动作是人类的本能。在语言诞生前，原始人之间主要是通过肢体语言进行交流的。

到了今天，人与人交往的过程中，有时候语言也只能传递一部分信息，另外一部分信息需要通过眼神、表情和肢体动作来传达。

一方面，相比静态的东西，人们更容易被动态的东西吸引；另一方面，肢体动作能够强化语言表达的内容。

四种社交手势技巧

01 掌心向上？“我很真诚！”

五指轻微分开，手掌向上平摊，“掏心窝”似的自然地伸出来。这显得你很开放坦诚、没有隐瞒，或者有意愿去做某件事。回想一下，你可能也不自觉地做过类似的手势，它在表达中运用得是最多的。

手掌向上，会让人感觉你在真诚地表达，且十分愿意与对方交流。实际上，肢体动作和大脑也存在着紧密的连接，会影响你说话时的语音语调。反过来，对方也会更愿意听你说话，按你的要求做某些事，甚至记住更多你所讲的内容。

握紧拳头？“我很坚定！” 02

在说话时握紧拳头，这显得你对自己表达的内容充满信心。“我相信自己一定可以！”“我对这件事深信不疑！”……一个简单的握拳动作就强化了这份坚定。

运用小 TIPS：

一对一时：单手做动作，幅度不要超过肩宽和上半身长。

一对多时：受众变多，动作也要相应地加大幅度，把单手做动作改为两只手同时做。

练习诀窍：对着镜子练习，注意自己怎么做才自然好看，并逐渐让其成为你表达的一部分。

03 镜像动作？“我和你很相似。”

如果和他人说话时感觉不自在，可以和对方做一样的动作。这会给人感觉你比较亲切或值得信赖，可能会更愿意帮助你或同意你的要求，因为人们通常会喜欢与自己相似的事物。

这种社交场合的模仿其实需要较为仔细地观察，自然地和对方保持一致，比如对方抬起右手，你可以在 20 秒之后抬起左手，这时你大脑中的镜像神经元（mirror neuron）也会被激活。

目的不在于模仿，而在于让对方认为你们彼此很相似，继而拉近关系。

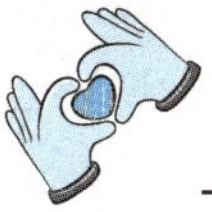

双手接触？“给自己安全感。” 04

如果你在和他人对话时感到有压力，或者上台演讲前感到紧张，可以把两只手合在一起。心理学研究表明，双手相互接触就会产生一定的安全感。

你可以做祈祷状，也可以双手叠合到身前或背后，十指自然交握，还可以指尖相互接触做“默克尔棱形”（Merkel-Raute）。当你做这些动作时，你会感觉更加放松、自信，更能掌控局面，即使你没有察觉到；别人看到你做这个动作，也会觉得你知道自己在做什么。

下次再紧张到手不知道放哪儿时，试着让两只手亲密接触吧，这会帮助你平静下来。

偷偷塞给你的小纸条

其实每个人都可以根据自己的表达习惯、气质风格和习惯偏好建立自己的个性化手势。这样一方面能让他人更好地记住你（看到那个手势就想起你），另一方面也能用来缓解自己与他人交流时的尴尬和紧张（多多练习以显得自然）。

和眼神一样，手势语言同样需要一个练习的过程。时间会带来惊喜，愿你有耐心。

给别人撑伞，却淋湿了自己

拒绝别人的万能话术

关键词 拒绝话术 个人边界 道德绑架

你上一次拒绝别人是什么时候？

在《蛤蟆先生去看心理医生》一书中，蛤蟆先生鼓起勇气，拒绝了老獾让他辞职的建议。尽管他只是留了张便条表达拒绝，但这对蛤蟆先生来说仍算得上迈出了蛙生的重要一步。他这样形容拒绝后的感受：“我累瘫了，好像打完了一场我不想打的仗。”

“你有勇敢 say no 的勇气吗？”

日常生活中，有的人也会和蛤蟆先生一样产生精疲力竭的内耗感，但无论如何，他们用行动捍卫了自我边界。也有一部分人，在拒绝完他人后感到了前所未有的轻松以及愉悦。这说明，拒绝可能没有我们想得那么难。

拒绝别人的话术

“拒绝”的话术可以分别用在学习考试、校园生活和爱情三个情景中。

01 学习考试 | 你得自己做，写自己的答案

高三时，有同学问我借老师布置的练习题的答案，因为我对自己的答案也不确定，所以希望他自己想出一个答案。于是我当场拒绝了他：“不行，你得自己做，写自己的答案。”

@江子霁

同学在晚自习前把我的数学试卷借走，说参考一下，很快还我。然而，她坐在我后面，跟同桌聊天聊了一整个晚自习。晚自习结束后，我问她要回试卷时，看到她整张卷子上只写了一道选择题。她说：“实在不好意思，这张卷子上的题目太多了，

我写不完，我可以带回家参考，明早还你吗？”我当时就忍无可忍，很凶地说了句：“不行！”接着就抓起试卷，拎着包直接走出了教室。这是我第一次拒绝别人。

@温邈

校园生活 | 他自己的事，应该自己负责 02

班里有同学让我去整理卷子，其实他是班委，本应该他去，我直接拒绝了他。因为我要等人，他自己职务上的事应该自己负责。

@一阵风

一位女同学经常找我借文具，每次都不会还，我的笔袋都要让她借空了，最后一次我终于拒绝她了，她再也没有找我借过文具。

@47

开学班主任任命我当英语课代表，我不想当，但因为想给老师留下好印象，就答应了。后来我发现当课代表事情很多，又不知道该怎么提出辞职，就总给自己找理由接受现状，比如告诉自己收作业是活动筋骨。但我还是不能完全说服自己，终于，我鼓起勇气给老师发了消息，说明了辞职原因。

@祁七

03 关于爱情 | 为了原则，我必须拒绝

我向邻班男生表白，他推辞说高中不打算谈恋爱，不过可以做朋友。我知道他这样拒绝我一定有自己的考虑，但我还是拒绝了他的提议。因为就具体情况来看，感情还是纯粹一点儿好。真的能做朋友吗？我并不认同。我想那一定会变得很暧昧，可是我不喜欢暧昧。为了自己的原则，我必须拒绝他。

@狐狸小姐

有一个追求我的男孩子，托人送给我一个很大的玩具熊，知道是他送的以后，我就把玩具熊还给了他。因为我既然不喜欢他，就不能给他希望，浪费他的时间就不好了。而且拿人手短，如果我接受礼物，之后再拒绝他就会心虚，没可能的事情尽早结束。

@好好

拒绝的感受 VS 被拒绝的反应

很多人在拒绝别人后会感到愉悦，这是勇敢 say no、坚持自我的奖赏。当然，也有人说自己“紧张不安，甚至担心被报复”，还有人说自己“难过，有负罪感”。这里，我想引用“个人边界”的概念，它是指我们建立起来的身体的、情感的、精神的界限，用来保护我们不受他人的操纵、利用和侵犯。

美国人际关系专栏作家马克·曼森（Mark Manson）认为，拥有不健康的个人边界的人容易对他人的情绪负责，还有可能出现以下表现：喜欢牺牲自我，讨好或取悦他人；拒绝别人后会感到愧疚；被别人糟糕对待时不敢说话，忍气吞声……

此外，个人边界不清晰、拒绝他人后会有负罪感的人，也常常会“灾难化”被拒对象的反应，认为对方会因此讨厌自己、报复自己。

而事实呢？

经过调查，被拒绝的人大多首先会感到“失落”，其次是“尴尬”“生气”，也有人被拒后“没反应”“没事”“无所谓”，当然也有少数人会变本加厉。而在大多数情况下，他们的失落和生气往往不会持续太久。拒绝别人的后果，没有你想象中那么糟糕。

健康的个人边界就是对自己的行为和情绪负责，而非对别人的行为和情绪负责。我们关注被拒方的感受和反应，是友善、尊重的表现，但你没有任何责任去承担 TA 的情绪，关心的基础也必须建立在你没有牺牲自我感受之上。

如何培养 say no 的能力？

01 意识到自己的感受最重要

你不需要为他人的情绪与感受负责，也不用担心拒绝他人之后你就变成了自私的人。

你可能在面对因道德感过高而产生的焦虑，但健康、明晰的边界感正是由每个人都为自己的感受负责而形成的。

表达拒绝有很多方式 02

最简单的方法，就是直接地表达拒绝，真诚地阐明原因，可以参照“拒绝 + 原因 + 请求理解”的结构。

比如：我以后不能帮你带饭了。因为食堂人很多，我带自己的就很累了。希望你能理解。

此外，也可以站在对方的角度上阐述原因，表明勉强帮忙会造成什么样的后果，让 TA 体会到你在为彼此考虑，委婉又不失礼貌，结构是“拒绝 + 你的原因 + 勉强帮忙的后果 + 请求理解”。

比如：我不会接受你的表白。因为我现阶段不考虑恋爱，对你也没有除朋友之外的感情，如果勉强接受，会伤人伤己。请理解。

03 不强求对方理解

在《被讨厌的勇气》一书中，有这样一句话：“可以把马带到水边，但不能强迫其喝水。”

拒绝也是同样的道理，say no 并阐述原因后，你就完成了“牵马”的过程，你的责任到这一步也就结束了，不必强求对方必须理解。

如果你仍然对对方的反应惴惴不安，请记住：若一段关系脆弱到因为一两次拒绝就损坏，那么这段关系也并不值得你维护。

同频共振

@Re.

不要被道德绑架，勇敢 say no 也是一种真诚。

偷偷塞给你的小纸条

“昨日之深渊，今日之浅谈。”

你费尽心力、内耗数天想要解决的事，其实在说出口的那一刻，也就从重石化为了云烟。现在再想起那些拒绝别人的经历，是不是笑一笑也就过去了呢？要从何时起，你才能大方表达自己的感受，完全为自己负责呢？不如就从现在起，做一个有边界感的人吧。

同桌总是“学”我，我不该生气吗？

你也有模仿或被人模仿的经历吗？

关键词 边界感 利己心理 社交舒适区

中学时代，我也曾有过“被模仿”的体验。坐在后座的同学时不时就来问我“你在学什么？”，要借走我的笔记，甚至连手写字体都要照搬模仿。无论是“模仿学习习惯”还是“借走资料”，都意味着对被模仿者的肯定；但就像讨厌和别人撞衫一样，我们不会希望身边有一个“同款”的自己。

当模仿失去分寸，真的会让人很厌恶。

为什么你不愿意被模仿

01 边界感强

就像是人们不会随意进行肢体接触一样，在社会关系层面，人也会建立“个人边界”来保持“心理距离”。个人边界不仅可以保护自己的独特性，也是维持社交舒适度的重要手段。心理治疗师认为，健康的个人边界感意味着有利于身心愉悦。一方面，边界感划定我们的“雷区”，而讨厌被模仿正是因为觉察到他人入侵了那条“不能逾越的底线”。有这样的感受很正常，这说明你的个人边界感形成得相对完善。另一方面，设定个人边界意味着我们可以优先照顾自己的情绪和行为，不必处处讨好他人。

如果和对方的心理距离很疏离，那就完全达不到“分享资料”的交往深度。换言之，我们和 TA 没熟到可以分享笔记的程度。除此之外，模仿往往伴随着“窥伺感”，对方时刻关注我们的一举一动，似乎是在监视自己的生活。这不仅没礼貌，而且让人感到恐慌。

02 不想被占便宜

“我辛辛苦苦做的笔记，是我早起晚睡课间也不休息换来的心血，为什么要白白给你看？”讨厌被模仿说明你的笔记对你来说很重要，你为之灌注时间与精力，所以它们格外重要。而不想借出自己的学习资料，是因为自己“被占了便宜”。

我们刷过无数次真题、模考题总结出的考点，TA 只需要一键复印就能照搬全抄。美国社会心理学家 G. W. 沃尔斯特（G. W. Walster）认为，公正被理解为投入与所得之比的对等，也就是：

$$\frac{\text{我的所得}}{\text{我的投入}}=\frac{\text{你的所得}}{\text{你的投入}}$$

若等式成立，那我们之间的人际关系就是公平的。而在模仿过程中，对方的付出有一部分来自我们的给予，TA 付出得少了，而你的付出不变，自然会打破公平等式。

虽然我们不建议在人际关系中计算给予和索取的比例，但在健康的人际关系中，双方对关系的投入应当是动态平衡的。互惠和平衡被打破，你感到“厌恶”也是理所当然的。

03 TA 看完我的笔记会不会反超我

这种顾虑很正常，也很现实。性格和社会心理学研究发现，比起自己的失败，我们更难接受竞争对手的成功。学习方法是你辛苦总结的经验，也是你的竞争优势。如果对方直接拿走效仿，享受方法带来的好处，你就可能面临失去竞争优势的风险，给原本就存在的“被卷”焦虑雪上加霜。

04 “利己”是我们的本能

就像“偷看你在学什么”的人有窥私欲一样，讨厌被模仿的人也有本能的“利己”倾向。我们希望自己的方法只为自己所用，期望自己的成绩更好。而这些想法都完全算不上“消极的自私”，而是属于“健康自私”的范畴。

哥伦比亚大学的心理学家们研究发现，在某种意义上，健康自私程度越高，自我同情和自爱水平越高，越可能过“可掌控”的生活。面对被模仿感到不适时，也许就表明你是一个健康自私程度很高的人。

就是说，如果对方的模仿和借鉴威胁到我们自身的利益，那么无论是感到不适还是委婉拒绝都没有错。

我们不需要因为无法帮助别人感到抱歉，也不必为爱自己感到内疚。

如果你是被模仿、被借走资料的人

01 学会拒绝

英国临床心理学家拉腊·E. 菲尔丁（Lara E. Fielding）提出了“请求和拒绝”三步骤，确保在不冒犯他人的前提下坦诚沟通。

首先是“证实”，设身处地地体验对方的感受。比如，不要说“我很讨厌你老是偷偷模仿我”，而要说“我理解你很需要参考我的学习习惯，但是……”

其次是“坚持”，也就是坚持自己的主张，并且直接、具体、清晰地表达自己的需求。在拒绝外借资料的情境下，你可以说“我没办法把我的资料借给你，我花了很多时间去总结，这是我的心血”。

最后是“强化”，告诉对方你为对方着想的部分。比如，你可以说“如果你真的想借鉴别人的方法，我可以给你安利几个宝藏学习博主”。

假如拒绝失败 02

如果实在拒绝不了，那我们不妨转变思路，顺应对方模仿和借鉴的要求或者行为。毕竟，处处提防只会加重自己的心理负担。

你可以试着安慰自己。比如，笔记和习惯可以模仿，但你核心的思维方式和对学科底层逻辑的理解 TA 学不来；比如，学习方法有适用性，适合你的不一定适合 TA。

如果心理安慰不奏效，那么你还可以尝试和对方做某种“交换”。可以是“要求看对方的笔记”的等价交换，也可以是“你能顺便帮我带个早饭吗？”之类的投桃报李，如果对方拒绝，那么我们也可以名正言顺地回绝 TA。

如果在对方的窥视和模仿之下被压得透不过气来，而上述方法都不适用，也没关系，我们可以先去做别的事情，换个心情，优先保证自己的精力，再考虑应对策略。

如果你是喜欢模仿、喜欢借鉴的人

01 建立自我认同

歌德曾说，“模仿是人的天性，虽然人们不承认自己是模仿”。从社会心理学角度来看，模仿是对强大他者的再现，体现出我们趋利避害的本能。但如果你时时事事都要借鉴别人，也许就说明你缺乏足够的自我意识，需要通过模仿别人来成为自己。

或许，你需要重建边界感，意识到自己侵犯了他人的自我独特感。一味地模仿抄袭，不培养自己独立学习的能力，只能是东施效颦。比如，你模仿对方用便利贴整理错题，但是不知道如何复盘，其实收效甚微。模仿的成本永远比亲自试错低得多，但是后者会在过程中使得我们慢慢提升思维能力和对学科的理解。

把握“模仿”的分寸感 02

如果身边的人身上真的有你想要借鉴的闪光点，可以用虚心求教的方式取代暗地里的模仿。比如，你可以夸赞对方，光明磊落地承认自己就是在学习对方的习惯；比如，你可以在交换资料的前提下，询问对方是否愿意共享笔记。

这种坦诚本身就是边界感的一部分，或许还能够拉近彼此的心理距离。

03 换个方式模仿

如果你的实践证明模仿可取且有用，那不妨将模仿的范围面扩大。比如，你可以去各类网站、公众号上找学霸笔记和学习习惯分享，尝试模仿不同的学习方法。这既是不断试错的过程，也可以在不给别人造成困扰的基础上达成目的。

同频共振

@伤感海边

我愈发发现自己利己了。

下课时前桌同学找我聊天，彼时我并没有多想聊天，但是出于礼貌我还是听她说了，时不时点点头附和一下，结果她没看出我的不舒服，依旧在那里滔滔不绝，而且讲的内容全部是围绕她自己。当她的同桌回来后她立刻去跟同桌讲关于学习的事。

我不理解为什么她找同桌可以聊学习、聊题目，找我就只是分享她的无聊八卦，为什么我是她聊八卦的备胎。

这困扰了我几天，现在我想开了。我不想聊天就不聊。不过她也让我学到想要跟别人聊得好不能只关注自己。

同频共振

@Re.

不要被道德绑架，勇敢 say no 也是一种真诚。

@学不会物理

培养自己的钝感力！有什么实在触碰到底线的，不要顺着他，直接一点告诉他，他这样做只会害了他自己。

@小方

我的同桌觉得我写的字好看就把我的笔记要过去模仿，看到我用的笔记本好看就找我要购买链接。不知道该不该给他。

偷偷塞给你的小纸条

也许我们总是忍不住去模仿一切美好的人和事。但也正是在模仿与被模仿的过程中，我们逐渐明确自我边界，分清“自我”和“他人”的区别。

网上“社牛”，现实“社恐”

我在网上和现实中的两副面孔

关键词 社交恐惧症　网络与现实　良性沟通

很多“社恐患者”发现，自己一旦开始了网上冲浪，立刻满血复活容光焕发口若悬河滔滔不绝……

线上“社牛”VS 线下“社恐”？我到底是“社恐”还是“社牛”？

一般而言，即使是线上，能让“社恐”变成话痨活跃的地方，也并不是微信、QQ 这些仍然充斥着现实生活中的熟人的平台，而是微博、豆瓣等匿名性更强的社交平台。

正是网络平台的虚拟性帮助“社恐”的你规避掉了现实交流中可能会遇到的烦恼，从而让你的社交如鱼得水起来。

01 你看不到我，我不自卑

研究表明，除了遗传这一客观因素，其他因素（如社会因素）对社交恐惧的影响是较为明显的：家境不好，身材不好，长相不好，在人际交往中受过挫折。这些因素都可能使人变得越来越不自信，害怕跟人交往，最后在与人交往的时候不知所措。

而在匿名的社交平台上，这些因素不再是一个人如影随形的标签。互联网的匿名性带来了更大的安全感与平等，让一个人有了甩掉现实中的木讷呆板重新开始的机会。

网上沟通有“喘口气”的机会 02

你有没有过“早上吵了架，晚上才想到更好地‘怼’回去的方式，然后感到挫败、懊恼”的经历？

在现实生活中交流，需要结合对方的话语、表情、神态、动作、情境，综合考虑如何做出回应，因此所需要的交际能力一定是更强的。

而在网络世界中，给对方发 QQ、微信消息的时候，会要求对方立刻回复吗？发微博、发抖音，有的人一天后才评论，会觉得奇怪吗？大部分互联网上的文字沟通是默认了对“给出答复”的时限没有日常聊天那么高的要求的。如果真的有急事，你会选择打电话、语音视频通话这样的方式，不是吗？这样非即时性的交流，其实留给了人们更多反应、思考、深思熟虑的机会，也正是社恐患者逃避自己即时沟通能力弱的一种方式。

03 对网友没有那么高的期望

现实中社交恐惧的另一个原因在于对自己社交时的表现有着过高期望，而网络匿名性社交平台带来的弱关系人际交往能一定程度上降低交往预期。美国社会学家马克·格兰诺维特（Mark Granovetter）曾将人际关系分类为“强关系”与“弱关系”。

强关系：最有可能产生于家庭成员、同事、同学等之间，他们在生活和工作中有较多的互动机会，人与人之间关系紧密，有较强的情感维系。弱关系：例如见过一面或是被人无意间提到的一个人，人与人之间联系较少，可能只是聊过几句或是打过招呼，并没有较强的情感维系在一起并且互动的机会也很少。

在微博这样以弱关系为主的社交平台上，用户之间没有那么强的情感维系，对交流结果的期望值也就没有那么高。原本和网友也素不相识，对方没回复，不生气；回复了，我赚到了。期望越低，越容易满足。即使是没有达到“完美交流”的预期，互联网中的负面影响也会小过现实世界里的负面影响。

现实生活中，和一个人说话对方没有听见，你处在一个“说话没人理”的境地，被尴尬窘迫包围，对方的表情神态、动作情境都可能让你感到被伤害。而网络世界中，沟通失败只停留在文字层面上，没有附带其他因素，挫败感也会减小。

04 遇到同好，有一箩筐的话想说

现实生活中遇到的人往往不是按照兴趣爱好来划分的。学校里，身边同学大多数是与你成绩相仿的人。宿舍里，室友大多是按照地域或随机分配来的。对方的兴趣爱好需要交流后慢慢沟通了解。如果自己感兴趣的话题比较小众，抛出去的话题经常没人接得住，渐渐地也有可能出现恐惧社交的情况。

而在匿名性强的社交平台上，能够做到网络“一线牵”的大多都是有着共同兴趣、共同话题的群体。“三观相同，志趣相投”本就是发展一段友谊的重要因素，因此一些在现实生活中因为志趣小众而不合群的人，如果在网络上找到了更多同好，表达欲也就高了起来。

05 投入在虚拟社交中的精力消磨了线下社交的热情

研究表明，手机等新媒体的使用会逐渐淡化现实交往需求。

学生的现实人际交往兴趣和交往行为不断减少，沉浸于虚拟人际关系而无法适应现实生活，会形成对自我、他人和社会认知的模糊、困惑和焦虑，从而进一步造成现实交往能力退化、交往焦虑和恐慌，导致一定程度的现实人际交往障碍，产生恶性循环。

我是“社恐”怎么办？

“社牛” 不是与世界相处唯一的选择。

对于那些因为先天因素有过自卑心理的人来说，虚拟世界可以一定程度上创造一个人人平等的乌托邦。对于兴趣爱好比较小众的人来说，在虚拟世界中可以结识同好，拓展交际圈。在线上做个“社牛”是个很好的选择。

你可以满足于只在互联网上“社牛”的现状，只是你需要了解伴随而来的弊端：即时沟通能力下降，线下社交热情消退。如果可以承受，那么但“恐”无妨。如果线下“社恐”，而又无比渴望成为线下“社牛”，那么可以学学以下几种方式。

01 学学你在网络“社牛”的沟通技巧

在网络上沟通表达能力如此强，说明你也是具备一定的社交技巧和社交能力的。

一步步来，从网络陌生人平台的“社牛”过渡到网络熟人社交平台的“社牛”，再到现实生活中的“社牛”。

锻炼自己的即时沟通技巧 02

如果觉得自己反应速度太慢，就去观察那些沟通时反应速度极佳的人接话的套路是怎样的。如果觉得自己说完话总是冷场，就去观察那些情商高、说话幽默的人有哪些说话技巧。总之逼着自己走出去，参加线下的活动，多交流，社交技巧是越应用越熟练的。

03 降低期望值

接纳“自己社交能力没有那么强”这件事，告诉自己“不完美也没什么大不了的”。即使交流时遇到了一些尴尬的事情，也尽量从双方身上找原因。

降低期望才更容易获得满足，从而获得继续下去的动力。

试着与“社恐”的自己和解，你虽然不爱说话、不喜社交，但会有更多的时间独自探索世界的奥秘，挖掘富有创造力的无限可能。安静与沉稳是你的特质。

同频共振

@CHARIS.

我本质上是“社恐”的，但是身边的人都觉得我很“社牛”，自己总结的秘籍就是硬着头皮上，运用强大的语言表达能力涉交达到想要的目的之后“社恐”真的会慢慢好转。

偷偷塞给你的小纸条

做你自己，便是上上签。

不知不觉，我也成了“互联网喷子”

假如你被“网暴”了

关键词 信息茧房　网络安全　网络暴力　群体极化

匿名的网络世界里，你打下过带刺的文字吗？ 你曾经在评论区“激情开麦”吗？ 你会一顿输出“看不惯”的人或事吗？

信息爆炸时代，不一样的、不合群的、不符合期待的，似乎成了矛盾与批判的“原罪”。长得好看会被造谣，长得一般会被攻击，能力出众会被怀疑有“黑幕”，成绩平平会被指责为“废物”……

当发言没有门槛，人人都是枪手，人人都会中弹。

“网暴”之下没有赢家

从寻亲男孩刘学州的悲剧，到粉发女孩郑灵华因肆意造谣而离世……低成本的发言、高覆盖的网络，助长了人肉搜索和谣言的蔓延，网络暴力越来越多地发生，猝不及防地打碎一些普通人的平静生活。

后真相时代，我们愿意相信的“事实”操控着情感，键盘之下的言语也被声势浩大的说辞“牵着鼻子走”，真相淹没在“大家说的”和“我认为的”世界里。

当一桩又一桩反转事件在眼前铺开，“迟到的正义”终于出现，但受害者在猛然席卷的恶意与谩骂里早已失去从前的安宁，被扒开的隐私，甚至是被打扰的亲友，都让生活支离破碎。而雪崩之时，每一片雪花都是“罪魁祸首”。

“网暴”是一场旁观者发泄情绪的狂欢，却是局中人凭空降下的悲剧。“按键”亦是暗箭，受害者的疮口留下无法修复的痕迹，施暴者的良心也无法抹去伤人的过去。

“网暴”之下，全盘皆输。

我怎么成了“互联网喷子”？

01 流量为王的时代

网络孕育流量，成为金钱的摇篮，媒体追赶热度而忽视真相。吸睛的标题、夸大的陈述，在报道的渲染下，稀松平常的小事也能掀起轩然大波。当事件牵扯对立，当网络水军开始“带节奏”，舆论往往不受控制地倒向一方，不明就里的吃瓜群众人云亦云，无尽的言语利刃刺向或许无辜的另一方。

讨论不断扩大，涌入的媒体越来越多，网络暴力的参与者越来越广，或许始于毫末，却在“流量”的膨胀下，走向无法控制的结局。

02 躲在互联网伞下的“恶”

网络空间里，匿名规则让发言者藏匿起真实身份，无须顾虑“说错话、做错事”的后果。而开放的环境又让参与者得以接触现实之外的世界，当事件主角远离生活，难免有“事不关己，高高挂起”的情绪。

在网络的“保护伞”下，不受约束的言论过度自由。施暴者不过动动手指，维权者却踏破铁鞋也难搏公平，即使沉冤得雪也很难追究“键盘侠”的责任，作恶之人缺乏惩戒，仍旧在下一个评论区里肆无忌惮地攻击他人。

03 群体性的“狂欢”

在“只让你看见你想看见的”推送机制下，信息茧房束缚着思维，我们只能活在自我认知的一隅里，听不见多元的声音，看不见不同的观点。于是，当与观念矛盾的、与利益冲突的事件出现，便疯狂输出“自以为正确的”，即使它有失偏颇。

在多个主体的事件里，我们总会囿于二元对立的网络声音，非黑即白地站队某一方。这种表态往往不是由于事实使然，而仅仅因为某一方声量更大或是让人共情。也许伊始你并不那么固执己见，但当观点一致的网友成为“嘴替”，不断输出契合你逻辑的评论，你便在群体的支持里变得偏执。

激情开麦之前，请自查

01 真相 1　眼前所见就是“真相”吗？

消息来源是官方通报还是以讹传讹？

回到网络暴力的开始，许多悲剧始于“开局一张图，剩下全靠编”。你玩过“传声筒”游戏吗？一句简短的话，经过几个人的传递，最后可能“面目全非”，何况是网络中的报道呢？

当消息来源于未经允许而传播的图片或是模糊的“人脉截图”，所有的揣测都可能让当事人遭遇暴力而造成无法挽回的结果。在“盖棺定论”之前，多一点耐心，做沉默的观察者，不做可能的加害者。

眼前所见不一定是真相，或许只是有心之人构筑的虚假幻象。

真相 2　铺天盖地就是“真相”吗？ 02

是各方努力下的全貌还是信息茧房下的一方之言？当言论一边倒，所有人都在指责、谩骂，你听见的发声就是真相吗？

也许，是信息茧房带给你“就是这样”的错觉；也许，是媒体为搏眼球而推波助澜、将错就错的结果；也许，是群体狂欢下不愿承认“站错队”的偏执。

即使所谓“真相”铺天盖地，如果缺乏事件主体及所涉各方的相互印证，全貌或许还有待发掘。

03 如果 1　舆论人物站在你面前，你还会不计后果地疯狂输出吗？

现实唯唯诺诺，网络重拳出击，似乎是不少“键盘侠”的写照。当舆论人物走出屏幕，匿名性被打破，一言一行都可能遭到反击或是受到惩罚，这时人们往往顾及后果而谨慎行事。

其实，网络也不是法外之地，虽然 ID、昵称具有匿名性，但通过法律手段，造谣、传谣者也能被查出真实信息，而为“图一时之快”付出代价。

如果 2　如果 TA 是你的朋友，你还会毫无遮拦地开麦评价吗？04

网络上：这人是不是有病啊？

现实里：他这样是有原因的……

网络上：穿这么暴露，这能是什么好人？

现实里：我的姐妹也太美了，就是要穿衣自由！

当你想要用消极的、负面的字眼和网络上的陌生人“对话”时，试着换位思考，把 TA 置于朋友的位置上，或许就会有不一样的视角和截然不同的评价。

05 如果 3　你就是 TA，你能承受陌生人无端的恶意吗？

“根本就没有什么感同身受，针不扎你身上你永远不会痛。”当审判与被审判易位，施暴者与受害者角色互换，你就会发现，陌生人的恶意是多么刺骨而难以逃脱。如果不愿意自己被误解、被揣测，推己及人，也请别将不堪的言语刺向无辜的陌生人。

同频共振

@Co

想起来一句话，“我们听到的一切都是一个观点，不是事实；我们看见的一切都是一个视角，不是真相。”

@只想摸鱼

我经常感觉自己对于一件事的判断做不到全面，所以在吃到这些瓜的时候顶多在心里腹诽两句，不会发表什么言论，希望大家在网络上都能更加理性一点。

偷偷塞给你的小纸条

“枪响了，你看见是谁开的枪吗？”

“我看不清，他站在道德的制高点，他在阳光之下。”

请做阳光之下美好清明的守护者，别做拿着枪支肆意开炮的猎杀者。

班级学习氛围差，如何自救？

三招排除外界干扰

关键词　学习氛围　邻里效应　抵制干扰

考入高中那一年，因为我的成绩一直都还算中上等水平，所以凭借这一点优势，我高一直接进入了四个普通班中最好的那一个，排名是班级第一。

当知道了没能进入尖子班，却成了普通班的第一名这个消息时，我竟然一点也没觉得失落，反而更加喜悦："虽然是普通班，但是我是第一名，这个班级里没有人比我学习更好了。"

你应该能猜到后续吧。

快乐的时间总是很短暂，很快现实就对我重拳出击。我发现，班级里认真学习的人少之又少，更别提大家熟悉起来后，一些无意义的玩乐就更多了。处于这样的一个环境中，每天对我来说都是一种煎熬，我只能回到家里再疯狂恶补白天的知识。但是随着学习任务越来越多，这种方法显然是行不通的。

今天就来分析一下经历过这些的我是如何一步步被"拉下水"的，以及应当如何应对才不被干扰。

我们为什么会受到影响？

01 自身原因

莫言先生说："当你指责别人的时候，先看看自己是不是做到了。"

我们通常把干扰自己学习的因素归于各种外力，或是学习氛围不好，或是任课老师不够专业，又或是复杂的人际关系。这些外界的因素给我们背了太多的"锅"。

在指责他人的时候，我们也需要扪心自问一下，当被转移学习注意力时，你是否因为又可以摸鱼而暗爽，你是否真的想要专心学习呢？

过于在意他人的看法 02

“如果不答应 TA 的邀请，TA 是不是会觉得我很扫兴，就不和我做朋友了？”“如果不和大家一起，是不是显得我很另类，装清高？”“如果自己只学习不玩，大家是不是会背后议论我啊。”你总是优先考虑他人的感受，反复担心自己的种种行为会不会给他人留下不好的印象。你在意自己在别人眼中的形象，其实是很正常的。但过犹不及，过于看重他人的目光，就会使自己时刻战战兢兢，一旦做了你认为会引起他人不满的事情，就会陷入无限的自责与内耗中。

03 邻里效应

提到这里不得不说一个心理学效应——“邻里效应”。它是指人们对自己周围的人和环境的评价及行为受到周围人的特征和行为的影响。

这种效应在社会心理学、环境心理学、城市规划等领域都有广泛应用。举几个例子：当我们在商场购物时，会被周围商品的布局和展示方式影响自己的购物决策。我们很容易被放置在显眼位置上的商品吸引，而当它刚好为你所需，你便会买下它。当我们在学习时，会被身边同学的表现和学习态度所影响。当身边的同学都在一丝不苟地学习，你自然也会模仿，不甘被甩在后面；但是当你周围的同学都沉迷于玩乐，时间久了，你也会受他们干扰，甚至被同化。当我们做决策时，会考虑周围朋友和家人的意见。当你选科准备选地理，身边的人却都劝你选生物时，你就会质疑自己：要不还是跟他们选一样的吧……

所以话说回来，现在你是不是知道了，当你的同桌拉着你玩的时候，你从一开始的果断拒绝，到后来慢慢地随波逐流，其实正是“邻里效应”作用下的结果。

如何做自己，不受他人干扰？

01 看淡人际关系

其实你不需要时刻活在他人的评价中，也不需要刻意维护一段看起来并不牢固的关系。你没有和 TA 同频，你担心 TA 会说你的坏话，可事实上，这样的关系是不健康的。真正良好的相处关系，一定是双方之间都懂得适可而止，能够保持分寸、把握尺度的。学习是现阶段很重要的事情，真的没有必要为了那些风一吹就会散掉的“塑料”友情耗费过多精力。

做自己想做的，追求自己想要的，那才是最酷的事情。

学会做一个“扫兴”的人 02

“你听说了吗？隔壁班的班花和谁谁谈恋爱了。”“快看热搜，这也太爆炸了！”当同学们发起这些八卦聊天时，你可以试着做一个“扫兴”的人。“你说什么，我从来不关注这些，也不想知道。”“唉？数学课老师讲的导数大题你听懂了吗？给我讲讲。”第一时间表明自己的立场。

适当的“扫兴”，可以为自己扫清许多学习路上的障碍。

03 专注于自己的事情

“人的时间和精力是极其有限的，没有任何人值得我们过度为难自己，把注意力放回自己身上，不要被外界的声音所影响。”如果你把精力放在玩乐上，那么你的学习效率自然就会降低。学会专注于自己的事情，把你的精力用在你真正想用的地方，当你真正沉浸其中的时候，你其实很难被外界所影响。

如果你总是难以做到专注，那说明你心有旁骛，没有进入学习状态，这时候，可以暂时抽离出来，快速解决掉你的顾虑，再全身心地投入到学习当中。

同频共振

@:)

其实我高三的那个班级也一直很乱，从开学到高考，班里没有一节自习课是安静的，甚至老师在的时候也如此。毫不夸张地说，高考前一天的晚上班里更吵。我很烦恼，但没办法。别人不学习，我们总还是要学的，于是，我就出去到走廊学。也正是那天，我看到了最美的晚霞。最终，在不被其他人看好的情况下，我还是取得了很不错的高考成绩。也正是因为这段经历，让我觉得自己原来这么厉害，可以在这么恶劣的环境中茁壮成长。

@旅行青蛙1331

真的不要介意别人开玩笑地说你卷……哪怕你好好学习以后的结果还是不如他们，也要坚持踏踏实实学下去。最后你会发现你比他们强了不止一点！

@小吴没烦恼

我是一名职高生，男孩子。其实大家知道有的职高学习环境很差，但我最荣幸的是我没有受到影响。我在寝室看书，有的时候宿舍里的同学也会调侃一下。他们抽烟、喝酒我都不理会，我从来没有为了跟他们玩得好去加入他们，一直都在做自己的事情，早起早睡，不打游戏、不熬夜！即使最后没有考上大学，但是我觉得我也为自己的这三年交上了一份满意的答卷！

@爱因斯文

强者从来不抱怨环境。

偷偷塞给你的小纸条

要记住，任何人都不应，也不能成为你追梦路上的阻碍。如果有阻碍，克服掉，然后只管走你想走、该走的路。

如果改变不了别人，那就改变自己。

玩手机怎样不影响学习

七条自律 TIPS

关键词 时间管理 专注力 学习干扰项 手机诱惑

假期过半，身边同学的假期作业都完成了七七八八，而你却仍对着没刷的题和自己的美貌发呆。放假前做的时间规划恨不得精确到秒，指针一指到假期第一天的零点就全部抛到脑后。明知道不能再拖下去了，却还是躺在沙发上看剧、刷手机……总而言之，除了从床上爬起来，似乎其他的事情都很有趣。

突然有一天，你决心“自我欺骗”，明天一早起床就要规律生活，与手机吻别。

时间管理，是每个中学生的必修课。

为什么我不会管理时间？

据我观察，很多人都有类似的“时间管理”上的问题，总结来看有三种：

有时间也不用：想法很多，也有大把时间，但就是迟迟不去行动；

被时间赶着走：有动力做事，也能勉强完成任务，但是日程太满，总是像一台机器一样机械运转，没时间休息和复盘，总是会做重复性的无用功；

效率太低：你只是看起来很忙，但效率不高。

时间管理本身是一个相当宏大的话题，涉及对时间和人生意义的思考。将时间比作河流，我们无法左右它的流量、流速和方向，只能手握船桨，泛舟其上。同样，对于时间管理来说，我们只能应用技巧来稳住自己的一叶扁舟，顺流而下，到达时间的彼岸。

专属你的时间管理小 TIPS

01 分割时间，提前规划

我们总倾向于做那些简单的事，而不是正确的事。比如在开始学习前点个外卖、整理书桌、多看两眼课外书……这时应该把简单选项移除，利用时间表，一项一项列出你要做的事情（比如“背 50 个单词”），分配到具体分钟（40 分钟），然后再转换成自然时间（8:20～9:00）。

当所有该做的事情已经安排好摆在眼前时，你只给了自己两个选择：去完成 or 继续玩。事实上，当你写下具体的任务时，为避免认知和行为不一致，你通常会去完成承诺自己的事。

想象自己在赶 deadline 02

限制自己完成任务的时间，你将会更高效和专注。

人们完成一项任务所花费的时间，通常会随着所提供的时间伸缩。想象一下，同样是“背 50 个单词”，限制 40 分钟完成和两个小时完成有什么区别？如果是 40 分钟，你可能会强迫自己真正地全神贯注，因为你知道剩下的时间不多；而如果是两个小时，你可能背着背着会走神、吃个水果之类的，因为你没有紧迫感。

我们要做的就是模拟这种在赶 deadline 的状态，给拖延的任务设定一个期限，心想着不做不行，这种轻微的压力会迫使我们更加专注、高效。

03 熟悉什么因素会干扰自己

尝试探索一下，坐到书桌前，观察自己通常会被什么想法打断：“书桌有点乱，应该收拾一下再学习吧？”“肚子有点饿，妈妈今晚会做啥好吃的呢？”“手机屏幕怎么亮了，谁给我发消息了？”

然后尽可能摆脱令你分心的事物：精简书桌上的物品，只留下时间表和当前任务所需的课本；学习前垫垫肚子，问好妈妈晚饭会做什么而不再一直想这件事；手机开静音拿到隔壁房间，任务完成后再统一回复消息……

把它们加入到学习计划中，比如每天学习前20分钟允许自己“分心”，把书桌收拾好、肚子填饱、手机收好，之后再投入学习就能很好地避免拖延。

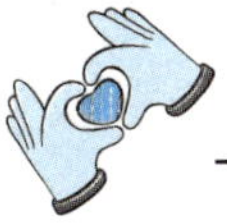

让“分心物”不再干扰自己 04

如果你学习要用到手机等电子产品，可以利用一些工具来减少其影响。

比如利用专注软件，在指定时间只可以打开电子词典而不能打开社交软件等；利用时间管理软件帮助我们养成“一次只做一件事”的习惯，培养高效完成任务的能力；不额外下载软件，可以使用手机自带的计时器，每次铃响时就知道应该开始下一个任务，同样会营造紧迫感帮助我们专注。

05 利用“打卡”习惯集中精力

The Now Habit 一书推荐“打卡”习惯，每天划定一个特定时间段来学习。比如你要在一周内完成一项任务，那么可以安排每天14:30～17:30去做这件事，一天几小时的紧迫感会让我们更加高效，同时不会耗竭过多精力，也比最后两天才开始赶工轻松得多，一举两得。

相比每天低效摸鱼十小时，高效专注几小时更加幸福。

困难的事放在后面做 06

假设你今天给自己安排的任务中，有一项是“搞懂某类数学大题怎么做”，这对于本身数学基础不扎实的你来说十分困难，因此你迟迟不肯开始。

这时候你可以先做一件对你来说很容易完成且耗时较短的任务，比如复习昨天学习的单词。前一件事的成功会为后一件事提供动力，你会更有信心去挑战困难的事。

07 不恐惧“开始”的瞬间

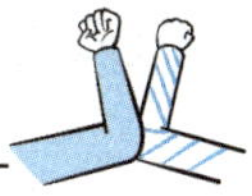

有些人一想到学习就无精打采。可以试试“只学一会儿”，定个闹钟告诉自己只学五分钟，在这期间全神贯注地投入学习。你会发现五分钟很快就过去了，并且这时候你已经激活了一些动力。“开始”并没有那么可怕，笔已经拿起来了就继续学下去吧。

还有一些人会因为完美主义作祟而拖延。比如你要写一篇作文，却总担心没构思好而不肯动笔。不如试着定个闹钟，告诉自己这20分钟内可以随意发挥，允许不完美。你会发现没有了惯常的束缚，可以很快产出初稿，你走过了最难的一步，接着写的二稿、三稿都会比初稿好。

克服那些开始的困难，你就已经成功一半了。

同频共振

@广谷大川

再给大家提供两个我自己感觉行之有效的方法供大家参考：

1. 结交认真努力的人，融入“卷”的环境。拿我自己来说，高中在五线城市的普通班没什么很卷的氛围，人就很容易放纵，即使高三了我周六、周日仍然在“摆烂”。大学上了某985，同学都很聪明也很努力，我不得不打破原来的习惯，有时间就做任务+提升练习，同时结交了优秀的伙伴，也会被他们鼓舞。

2. 树立目标，利用目标驱动自己。大到知道你想要过什么样的生活、你想成为什么样的人，小到近期的月考排名……对此你应该付出什么样的努力。我始终相信自律是源于更大的欲望。现在很流行“躺平”“努力无用论”，但你要相信努力是有用的！特别是在高中阶段，成绩好是智力+毅力+行动力结合的产物，努力就会进步！

@星星掉进湖里了

最好要写作业的时候就立刻就去写，不要想那么多，我就属于想很多那种。我越想就越会给自己设置更多困难，又有点儿完美主义，就这样浪费掉了很多时间。有时候，控制不了的话，立刻把手机关机，或者把它放在其他地方。我那时候就会因为没有手机可玩而把注意力转移到学习上。

偷偷塞给你的小纸条

看到这里的你，一定已经做好准备开始尝试改变了。或许你无法一步到位，成为“时间管理大师”，但不论如何，希望你能够收获适合自己的自律 TIPS，快乐享受每个当下。

青春的迷茫

异性关系　朋友相处

和喜欢的人表白了，小丑竟是我自己

被拒绝的勇气要从哪里来?

关键词 青春暗恋 流言与八卦 沉淀情绪

你认为春天是怎样的?

或许是花气袭人的芳香与温暖，或许又是桃红柳绿的生机勃勃。身处万物复苏的黄金时节，我们的感官总会更加敏锐，酝酿在心底的情感也越发细腻丰富——春天，是一个容易让人心动的季节。前桌女孩杏眼弯弯，一笑起来就升起两道好看的月牙；隔壁男生靠窗而坐，阳光每天都会擦过他的鼻梁，勾勒出几片错落的轮廓阴影。

美好的少年形象由眼入心，轻巧地解开心头乱撞的小鹿，于是我们大着胆子表露心意，却没想到要红着眼眶接受残忍的拒绝。更糟糕的是接受暴击后的萎靡状态：天天走神，无心学习，甚至害怕和以往心心念念的TA见面。明明对他人的喜爱是一件能给自己带来甜蜜和快乐的事情，可现在却变得这么痛苦，我到底要怎么办呢?

为什么“爱”会伤人?

01 锋利的自尊心

俄国著名文学评论家维萨里昂·别林斯基（Vissarion Belinsky）曾经在文章里写道，“自尊心是一个人灵魂中的伟大杠杆。”生而为人，我们普遍拥有希望周围的人尊重自己、肯定自己价值的本能。一旦表白被拒，一种强烈的“输了”和“被抛弃”的感觉就会漫上心头，并由此产生失望、伤心等相关负面情绪。就像精心准备了一道自我感觉良好的菜，结果端上桌后却发现没人爱吃，其中的难过可想而知。

对于自我意识较强的同学来说，表白的失败还意味着自身的不够优秀，他们会带着强烈的挫败感不断自我怀疑：是不是我不够好看，不够聪明，不够善解人意?

如果没有得到及时的干预和调整，这些习惯于自我反思的人就很容易陷入深度内耗，消沉很长一段时间。

我的大脑“上瘾”了 02

当我们暗恋对方时，大脑会疯狂分泌多巴胺、催产素、肾上腺素和去甲肾上腺素这些能大幅度调动情绪的激素。多巴胺和催产素会让人产生愉快和依恋的感觉；而肾上腺素和去甲肾上腺素则会带来刺激、紧张的感受。在多重激素的作用下，我们会不知疲倦地关注一切和对方有关的细节，并一遍遍在脑海中进行蜜糖味的幻想，又患得患失地推测这段感情的未来，真正的痛并快乐着。

但如果将这份爱宣之于口后被对方“无情”拒绝，残酷的现实就会刺激大脑急剧减少上述激素的分泌。可习惯了乘坐情绪过山车的我们一时间难以摆脱爱的惯性，就会产生非常明显的“戒断反应”：焦虑失眠，严重者甚至会走向抑郁。

03 陷入“社会性死亡”危机

“表白的时候被周围同学看到了，他们会不会拿这件事来嘲笑我？”“TA 要是知道我表白失败了，肯定会在班里大肆宣扬的！”对广大青少年来说，如何处理情感的经验是比较匮乏的，很容易出现对“A 向 B 表白而且被拒绝了”这样的八卦过度兴奋且言语刻薄的情况。

于是，“癞蛤蟆想吃天鹅肉！”之类的风言风语开始相继出现。没有人希望自己充满失望和尴尬情绪的隐私在班级里传得人尽皆知，更不愿意在一次次的冷嘲热讽中身处舆论中心。明明表白失败已经够让人伤心了，现在还要承受来自“吃瓜群众”的吐槽压力，陷入“社会性死亡”的巨大危机。

如何走出表白失败的阴霾？

01 学会沉淀情绪

表白失败后的心理状态就像在心底打翻了无数盆颜料，不同的情绪混在一起根本分不开。那我们要怎么表达和消化心中的复杂情绪呢？一个非常简单的方法是去社交媒体上搜索表达同样感受的帖子，在和“同病相怜”的人互动中彼此共情，缓解情绪；还可以尝试阅读一些与处理感情相关的书籍，去寻找一些包容性很强的情绪价值。给自己一点时间，将躁动的情绪慢慢沉下去。

主动“降温” 02

表白失败后，一个特别棘手的问题将会摆在我们面前：以后要怎样和对方相处呢？心理角色和身份的迅速变换，大概率会让我们无所适从，想要伪装一切都好也并不容易。既然恢复到初始相处状态有难度，我们不妨先对这段关系主动降温：减少和对方沟通和接触的次数，给自己一些恢复状态的时间和精力。

在冷处理期间，可以将社交的重心转移到身边的朋友身上，多去感受友情的温暖；或者干脆直接投入到学习的怀抱，重新付出一份有明显回报的投入。

03 重拾爱的信心

莎士比亚说过，被摧毁过的爱，一旦重新修建好，就会比原来更宏伟、更美、更顽强。要知道，哪怕是最出类拔萃的大人物，也不可能在所有事情上都取得想要的结果，偶尔的“爱而不得”是很正常的现象。即使我们在某次表白中被对方拒绝了，也仅仅代表 TA 觉得彼此不合适，并不是“被爱判处终身孤寂”。与其将自己困在一个没有希望和正向反馈的狭窄空间里，倒不如开阔视野，给自己足够的机会去展望真正合适且能产生积极能量的感情。

此外，我们还可以去学习一些有关高质量感情的理论，阅读相关的心理学书籍，争取让自己不再为爱迷茫和伤心。

学会爱自己 04

相信你一定听过这样一句话，“爱自己是终身浪漫的开始。”如果说他人的好感是对美妙青春的精彩点缀，那我们给予自身的爱才是源源不断散发生命力的根源和关键一着。做自己的多巴胺提供者，同时也兼任“幸福激素”内啡肽的加盟商。当我们将自己培养成一个积极进取并且能够及时调节负面情绪的人，我们身上那股强大的魅力自然能够被有心人发现，真正美好的爱情说不定就会应运而生。

同频共振

@C

多读书，多思考，多运动，用坚持不懈的行动努力让自己成为一个独立、可靠、能积极生活的人。

@windy

记得是上一个春天喜欢上的他，慢慢地成了朋友。虽然他不喜欢我，不过关系依旧很不错，也算是幸运。

@伤感海边

我最近有这种感觉，特别是在花又开始绽放的时候。与他从一开始擦肩而过的紧张激动，到现在惯性隐藏情感的高冷不在乎。希望很多年后可以在老友局上相聚或者看到照片能想起那个曾经青睐过的人，希望你一切都好。

@桃子

我向你表白，只是想告诉你我的心意，你不用有心理负担。如果你能接受我，这当然是一件很值得开心的事情；如果你拒绝了我，我也会坦然接受，毕竟每个人都会有自己想要追逐的光，而我知道我要做的是在这束光的照耀下变得更好。

偷偷塞给你的小纸条

心跳加速，两颊绯红，我们总会在特定的时机体会到青春的悸动。心动是一种奇妙又缥缈的灵动感觉，恋爱却是需要双方认真对待的复杂课题。

再成熟些，再勇敢些。等到身边的环境不再有压力，等到自己能够应对感情中的失望与泪水时，再去牵起爱人的手，稳稳当当地享受烂漫春光吧。

总想受到异性关注，我是不是不太正常？

想要吸引异性究竟是什么心理？

关键词 基因片断　性教育　青春情愫

我高三了，总想吸引异性的注意力，有时总想用眼睛去看异性，当感觉异性喜欢自己或注意自己时，又感觉很讨厌，就想皱眉让别人觉得自己不喜欢 TA，好厌恶这样的自己。

@匿名

作为一名高三的学生，你已经是个准成年人了，对恋爱有冲动、对爱情有幻想、对异性有“兴趣”，这几乎是跟吃饭喝水一样自然的心理现象。与此同时，外界的声音却在不断警告我们要学会自我压制，这让我们面对情感的时候往往羞于表达，甚至进行自我压抑。

但无论如何，你要明白，你绝非个体，也无须因此而惶惶然、自我厌恶。在面对美好“幻想”时，没必要太过苛责自己。

我为什么会这样？

01 你只是在顺应天性

人类作为社会性动物，繁衍是我们生存的基本需求之一。在基因层面，我们有一种深刻的渴望吸引异性的需求，这是我们生存和传承基因的努力体现。这股欲望激发我们去展示自己的优点，吸引异性的注意。

我们可能会在穿着打扮上下功夫，学习一些技巧和策略，以提升自己的吸引力。这种需求植根于我们的基因片段，驱使着我们去追求与异性的互动。所以你看，你会对异性产生兴趣，会被不自觉吸引，不过是顺应天性的反应罢了。

传统的两性观念拦住了你的表达能力 02

中国自古重视礼仪，讲究含蓄内敛，有一种“藏”的精神。这种内敛的性格特点不仅体现在文学艺术、审美追求上，还体现在日常生活的方方面面，其中就包括两性关系。对于两性关系，我们的传统文化强调的是婚姻家庭的稳定和责任感，而很少谈论“爱”，更忌讳公开谈论“性”的话题，性教育也是类似情形，很少有正式的性教育课程或公开的讨论。所以，一直以来，“性”往往是一个被压抑和忌讳的话题。尤其是女性，在展现出对异性的兴趣时，有些人甚至会用“不害臊”等过激用词来批判。

03 痛苦的来源——欲望和束缚的冲撞

在人的心灵深处，超我和本我之间的战争时常上演。超我代表着社会对我们的道德规范和期待，它教导我们应该如何看待自己和他人。本我则代表着我们真实的欲望和需求。这两个力量经常在我们内心产生冲突，我们常常感到矛盾和困惑。

我们想要满足自己的欲望，却又在社会规范和道德束缚下犹豫不决。换言之，我们想要被异性注意，甚至可以展示魅力，但又不自觉会想：“我真恶心，怎么总想勾引别人！”但是从现在开始，摒弃这种对自己的恶意。寻求关注、渴望关注只是我们的本能而已，不必苛求和厌恶自己，学会认同并接受自己的本能。事实上，正是这种矛盾和冲突的反复纠缠，让我们在成长的过程中不断思考和探索自我的需求和价值观，从而逐步实现自我认知和自我塑造。

那个 TA 是我的爱情吗？

01 对于爱情，你准备好了吗？

爱情是一种复杂的情感体验，它不仅仅是一时的冲动和激情。

真正的爱情需要耐心、理解和支持，需要我们与对方建立起深厚的情感连接和信任基础。这要求我们具备成熟和稳定的心理状态，能够承受起爱情中的起伏和挑战。我们要思考自己是否已经做好了这种心理准备，是否有能力去经营和维护一段感情。

一段感情不仅仅是两个人之间的私事，它还关系到我们与他人的关系和社会的稳定。当我们进入一段感情时，我们要考虑，自己是否已经成为一个成熟的社会角色，是否能够履行自己作为另一半的责任。这包括对对方的尊重、支持和理解，以及对于家庭和未来的承诺和责任。

我们应当反复确认，自己是否已经准备好了去承担这些责任，而不是仅仅出于一时的冲动和欲望。

如何迎接那不期而遇的爱情 02

首先，我们要梳理清楚自己的情感需求，在决定开始一段感情之前，我们要确保，我们真正渴望与对方共同成长和建立一种深厚的关系。其次，我们要了解自己的生活状况和对于未来的规划。我们要考虑自己的学业发展和个人目标是否与对方相契合，是否能够共同追求一个美好的未来。最后，我们要进行深入的沟通和了解，要与对方坦诚相待，共同探讨感情中的期望和问题。这样的三部曲可以帮助我们更好地了解彼此，从而做出明智的决策。

爱情不仅仅是冲动，还有责任。当我们决定开始一段感情时，我们要想好自己是否已经准备好了，不论是在心理上还是社会责任上。我们要梳理清楚自己的需求和目标，了解自己的生活状况和未来规划，并与对方进行深入的沟通和交流。只有在经过充分思考和准备之后，我们才能够进入一段健康、稳定的感情关系，共同追求幸福和成长。

同频共振

@一直在路上

“无须苛责自己，不必勉强完美。”

你所恐惧的“非比寻常”也许也没什么大不了，不要让发酵的焦虑浇灭勇气，我们总会找到我们想要的答案。

偷偷塞给你的小纸条

青春时出现的一切情感都遵循着一个道理：存在即合理。你从来都不该为你纠结的情感而痛苦，更没必要为此厌恶自我。

青春就是一场兵荒马乱的旅程，无须苛责自己，不必勉强完美。认同自己的情绪和情感，学会面对、尝试变好的过程，才是你独一无二的人生。

喜欢一个人，如何才能不影响学习？

怎样才能让“喜欢”变成促进学习的动力？

关键词 亲近原则 红豆绿豆论 情感教育

我喜欢一个男生，是在中考前三个月的时候。以前一直对他有好感，但没到“心动”和“喜欢”这个程度。直到那次换座位他坐在了我前面，经过了一些事情后，有一次我发现自己在想到他时会忍不住笑出声，才发现自己已经那么喜欢他了。但是我发现自己也只是喜欢他，并不想和他在一起。不知道这是什么心理。

我知道这样很不好，快中考了，我应该静下心来好好学习，可是喜欢这件事根本忍不住。我在草稿本上写满了“加油，加油，加油”“静心，静心，静心”，虽然看的那一两眼会短暂地平静一会儿，但有的时候写着作业就还是会想到他。那天回忆我和他在学校发生的开心的事情，想了半个小时才缓过神来开始写作业。

好害怕影响中考，但我还是很想喜欢他，有没有办法能让我不分心？

@匿名

很简单，不喜欢 TA 了就不会分心了。简单粗暴，是的，但不好实施。不喜欢 TA 了，说起来容易，做起来好难。况且年少时的这份喜欢，懵懂而纯真，真的要为了学习割舍下这份喜欢吗？

TA 不是你的唯一，只是你们刚好遇到

当喜欢一个人的时候，荷尔蒙上头，TA 会成为世界中唯一发着光的人。这时候 TA 做什么都是好的。TA 认真做题的时候好看，笑起来也好看，和你说话你会没来由地开心，向你走来的时候你止不住地心跳……你会觉得自己年少情窦初开经历的一切就是唯一了，TA 是无可替代的。但其实，人们只是会对频繁出现在生活里的人渐渐产生喜欢的感觉。

接近性原则（proximity principle）认为，两个常常见面的人更容易形成更牢固

的关系，产生吸引的要素之一便是亲近。人们总会渐渐对频繁出现在自己的生活里的人产生喜欢的感觉。随着时间的推演，两个人的心会越靠越近。《奇葩说》中提到过“红豆绿豆论”：“如果世界上有两个人是彼此一生的唯一，他们终其一生是不会见面的。世界上有70亿人，想象一下有70亿颗绿豆，有两颗红豆是一生中彼此的唯一，把它们放进去搅啊搅啊，它们会碰上吗？在短暂的一生中他们不会碰上。我们海誓山盟许下终身承诺的那个人，实际上只是我们身边看上去觉得差不多时间到了挑选的人。”

也许说来扫兴，但TA的确不是你的唯一。人生的路其实很长，你还会遇到很多很好的男孩子、女孩子。

即使你不喜欢一个人，你的成绩一样有起伏

影响成绩的因素有很多，不光是喜欢一个人。熬夜躲在被子里看网文，第二天顶着黑眼圈上课，一样会影响成绩；和宿舍同学一起打游戏，在虚拟世界里冲锋陷阵，一样会影响成绩；拿到手机就根本停不下来，QQ、微博、各大追剧平台切换着打开，一样会影响成绩。这些都能让你得到即时满足，都能让你快速尝到甜头，都是挡在“好好学习”面前的诱惑，因此即使你不喜欢一个人，你的成绩依然可能有起伏。

在人的本能面前，延迟满足抵不过即时满足。所谓延迟满足，就是我们平常所说的“忍耐”。为了追求更大的目标，获得更大的享受，可以克制自己的欲望，放弃眼前的诱惑。反过来即时满足就是，看到眼前的诱惑，直接去享受它，不必克制。这些眼前的诱惑，都有可能影响你追求眼下更大的目标，都有可能影响你的学习成绩。

越告诉自己“不要喜欢TA”了，有时越会适得其反

人的心理活动就是这么有趣，有的时候你越不希望想一件事，这件事越是要跳出来。心理学家曾做过一个“粉红色小象”的实验。实验是这样的：被测试者闭上眼睛，引导者说，请不要想象你脑海中出现了一个粉红色小象；一点都不要去想象你脑海中有一头粉红色小象；你脑海中根本没有粉红色小象。实验结果就是所有的引导者脑海中都出现过粉红色小象。

因此，不要给自己的脑子下否定句的指令。妈妈看到两岁的儿子前面有个坑，提醒他：“不要踩进那个坑里面！”反而容易让孩子踩进坑中。提醒他“绕开那个坑走”才能起到更好的效果。同时，一些刻意的疏远也会导致对方产生不适，会让双方之间产生不必要的误会。“TA明明前几天还和我玩得很好，为什么突然变冷淡了？”

喜欢可以带来学习动力，也有可能对成绩造成负面影响

“喜欢”本身充满向上的力量，它会让你进入生命的另一种状态，体会那种平常不易得的狂喜。

“喜欢”这件事本身是没有错的。有的人因为“喜欢”让自己变得更加优秀，最后即使没有和喜欢的人在一起，却依然活成了一个更好的自己。有的人因为“喜欢”变得堕落，丧失了学习的动力，最终两个人的确在一起了，双向奔赴，却共同退步。

所以影响学习的并不是你们有没有在一起，并不是你喜欢 TA 这件事，而是你的意志力，是你的内心，是你看待“喜欢”这件事的态度。不要逃避，因为这是你们都要接受的情感教育。在这段教育中，你要学着接近 TA，与 TA 相处时完善自己的性格，你要学着分清喜欢 TA 与个人生活的界线，渐渐明白喜欢一个人的时候仍然不应该忘了自我，不应该迷失自我。

这对你们来说很难，但你要尝试去做。

同频共振

@长离

我遇见了一个很优秀的男孩，即使没有太多交集，他也教会我怎样成为一个更好的人，让我知道我可以做到更好。有些人，仅仅是遇到就很幸运了。

这个世界上可能总是有流星一样的人，有的人为你擦干眼泪，有的人只是匆匆擦肩而过，但他们都曾照亮过你的某一段人生。

偷偷塞给你的小纸条

时刻提醒自己，如何协调理性与感性、爱情与学业。不逃避欲望，也不放任欲望，坦然地接受这场属于自己的情感教育。

这些才是爱一个人更应该教会我们的事情。

对朋友有所保留，我做错了吗？

坦诚 or 隐私，你会怎么选择？

关键词 自我暴露 安全感 秘密与背叛

你是一个会对朋友有所保留的人吗？

期中考试结束后，我有一个朋友哭丧着脸跟我吐槽这次考试题目太难了，可是我觉得并没有那么难，但看她这么难受，我还是没有告诉她我的真实想法，而是顺着她的话一块抱怨。可是事后我又觉得自己很虚伪。

@一个棉花糖

我的闺蜜一次悄悄跟我说了很多我前桌男生的坏话，但是我并没有觉得他有我闺蜜说得那么糟糕，她吐槽的全程我都只能尴尬地听着，有点儿坐立难安，后面我把话题岔开了。但是之后每次被我闺蜜看见我跟前桌男生说话，我都有点儿尴尬，不知道还该不该跟他说话。

@XXXX.

时间久了，朋友看出了你对 TA 有所保留，你想要张口解释却又不知道从何说起。

面对这样的情况，你开始越来越纠结。朋友间究竟该不该毫无保留？有些话真的可以说出口吗？你迫切地想要找到一个答案。

纠结从何而来

01 “自我暴露”的诱惑

二十世纪五六十年代，美国社会心理学家西尼·朱拉德（Sidney Jourard）在经过大量实践后指出，“自我暴露”会让别人喜欢你。什么叫“自我暴露”呢？它是指一个人自发地、有意识地向另一个人暴露自己真实且重要的信息，并与其共享自己的感受和想法。

举个热气腾腾的“栗子”吧。当你和好朋友聊到彼此的童年生活时，如果你总是事无巨细地分享那时的各种糗事——看不惯的人以及暗恋的那个 TA，那么恭喜你，你已经充分拿捏了“自我暴露”的精髓。

美国心理学家伊莱恩·阿伦（Elaine N. Aron）等人认为，亲密关系的实质，是将“他人”融入“自我”这个概念中，换句话来说，就是让他人成为自我的一部分。而“自我暴露”，恰恰可以通过外在经历与内心想法的共享，来增进我们与好友之间的感情，从而提高彼此在对方心里的重要性。

对于交友需求普遍很旺盛的中学生来说，“自我暴露”无疑是一件极具魅力和诱惑性的事情了。

“安全感”or“松弛感” 02

你是否曾有过这样的体验：虽然对朋友成功隐瞒了某个秘密，但在接下来的日子里，每次只要在聊天中提到相关话题，整个人就会特别紧张，生怕露出了什么破绽。更糟糕的是，平日里天马行空时一旦联想到了这件事，那种不舒服的感觉立马就会涌上心头。

哥伦比亚大学的心理学家迈克尔·斯莱皮恩（Michael Slepian）在《秘密的秘密生活》(*The Secret Life of Secrets*）一书中对这一现象做了深入而有趣的探讨。他在文中指出，秘密是会从保守秘密的人身上“偷走”时间的——那些用来反思、焦虑和复盘秘密的时间。保守秘密会让人感到羞耻，让人不停回顾自己的行为，其中的孤立感和不确定性会大量吞噬我们宝贵的时间和精力，并将我们拖入负面情绪的泥潭。对于每个怀揣着秘密的人来说，这样的感觉实在是糟透了。

03 要坦诚，还是要隐私

“朋友之间就是应该毫无保留！”

“如果连好朋友都要瞒着，那友谊还有什么存在的意义呢？”

对于处在青春期的我们来说，拥有“死党”和“闺蜜”是人际交往过程中的重中之重。但至于维护这些友谊的准则，我们在大多数时候是不够清晰的，偶尔在电视剧中或者课外书里看到有关友情中“背叛”的巨大危害，就逐渐形成了“我应该对朋友非常坦诚”的想法。

然而在实践中，我们又会困惑于坦诚的限度，因为各种影视作品同样教过我们，每个人都应该保留相应的隐私和说话的分寸，虽然难以掌握，但是必须要有意识地控制。由此一来，“要坦诚，还是要隐私”就成了一道摆在渴望交朋友的每个人面前的难题了。

纠结消除之道

01 划重点：“秘密≠背叛”

“对朋友不能做到完全坦诚，我是不是真的很‘坏’？”在开始不断反思和批判自己之前，我们不妨先将注意力放到秘密本身上。例如，我们可以在纠结时多问问这样的问题：心中的秘密如果不说出来，会损害到朋友的利益吗？在谈话的当下，保留这份秘密可以让自己的内心更舒服一点吗？在确保不会对朋友产生不利影响的前提下，我们完全可以坦然保留自己的想法。毕竟，真正的朋友总会照顾彼此的感受，而不是将一些友情中无足轻重的小事过度上升价值。

转动友谊“万花筒” 02

消除秘密的前提是要增进朋友间的信任。毕竟随着跟朋友的磨合越来越多，你们彼此都能更好地了解对方，从而使你们之间的信任更加稳固。增进朋友间的信任其实有很多既简单又实用的好方法。比如：晚自习课间一起去操场散步，讨论最近碰到的偏、难、怪题；周末做完作业后去某个奶茶店点一份双人套餐，聊一聊彼此最关心的几个话题；在控制好时间的前提下，和好哥们、好姐们开几把“五排”游戏……团队合作可以非常有效地增进彼此的了解。

如果对方在生活和学习中遇到了一时难以解决的困难，就多给 TA 一些关爱与耐心，陪伴好友走出眼下的低谷。积极行动永远是最好的感情增稠剂，如果你真的不想辜负眼前的这位好朋友，那就拿出诚恳的态度来，在一点一滴的暖心行为中让对方切实感知到你对 TA 的在意吧。

03 设定秘密“额度”

“朋友性格比较细腻敏感，总能很敏锐地捕捉到我在一些问题上有所保留。每次被 TA‘戳穿’时我都觉得很尴尬，这种情况究竟要怎么改善呢？”

如果你也恰巧受到了这种问题的困扰，那么不妨“顺势而为”！一般来说，内心敏感的人会有很多有趣好玩的小众想法，所以也更能接受新颖有趣的点子。我们可以主动和朋友设定秘密“额度”，借助娱乐和游戏的形式，讨论约定每个月彼此可以“有所保留”的次数。遇上不太想说的事情，就直接使用我们手头上的“额度”。

当然，为了让这种方法能够更高效地执行，我们可以找个机会和好友敞开心扉聊一聊对秘密的看法。在这个过程中努力求同存异，并将最终目标设定成“让彼此都能意识到秘密存在的合理性”，让其不再成为友情的绊脚石。

对于友谊中的秘密，著名音乐家贝多芬曾经发表过一个非常独到的观点：“友谊的基础在于两个人的心肠和灵魂有着最大的相似。即使在最神圣的友谊里也可能潜藏着秘密，但是你不可以因为自己不能猜测出朋友的秘密而误解了他。”

真正决定友谊厚度和品质的，其实并不是我们手中所掌握的对方秘密的数量，而是两颗跳动的心在相遇与相处时产生的同频共振，是惺惺相惜的美好，是风雨同舟的信任。

同频共振

@Цзинь　Цзыкан

朋友之间不一定要毫无保留，但一定要真诚。

@san

还是要给彼此留下一点空间，哪怕是“虚伪”的捧场。

偷偷塞给你的小纸条

希望你我都能在尊重友谊的同时，做朋友最坚实的后盾，让友谊之树常青。

被最好的朋友“背刺”了

情感暴击其实并没有那么可怕

关键词　友情脑　被害者有罪论　有效沟通

嘿，你是一个友情脑吗？

与那个几乎被全网批评的恋爱脑不同，友情脑似乎并不是一个负能量十足的词汇。

想和自己最好的闺蜜天天黏在一起，遇上好玩的事第一时间就要发给朋友，没有老友的陪伴就浑身不自在……现如今相较于跌宕起伏的恋爱关系，我们更愿意寻求友情这种稳定系数较高的情感支持。“宁当友情脑，不做恋爱脑”，也成为越来越多年轻人追随的口号。

我的表妹悦悦自诩“友情脑”重度患者。朋友圈里几乎所有内容都与好朋友有关，每天晚上都要和朋友一起聊天到深夜，自称“我没有好闺蜜不知道的秘密”。然而某天凌晨，她却突然清空了朋友圈，并将自己的头像换成全黑。原来是她最好的闺蜜“背刺”了她，私下里和好几个熟人吐槽她是“巨婴”“公主病”。

“她怎么能这么对我？难道我真像她说得这么差吗？”经历了情感暴击，悦悦整整一个月都没笑过，她不明白，为什么原本很牢固的友情会被自己搞砸。

被“背刺”真的是我的错吗？

01 不要把自己当成罪人

宫斗剧中很常见的剧情，某人为了自己的荣宠，成为剧中大反派手下的卧底，不择手段地“背刺”自己最好的姐妹，这类情节总会在网络上引起广泛的讨论。很多网友在社交平台上发帖，说自己也经历过类似的痛苦。一时间，大家纷纷在评论区互诉衷肠，心中的强烈共鸣此起彼伏，一阵高过一阵。

TA 可能是大学宿舍里和自己关系最好的室友，在竞争保研名额时故意泄露彼此间的“体己话”；TA 可能是高中班级里经常同喝一杯水的死党，在大吵一架后和你们共同的朋友疯狂抹黑你；TA 可能是你从小玩到大的发小，却当面与你亲近背后嫉妒你，甚至故意搞破坏的人……

由于“背刺”行为特有的隐秘性，大家很少会把它拿到明面上讨论。但在绝大部分人的成长过程中，难免有被他人尤其是较为亲近的人“背刺”的情况。所以，摒弃“被害者有罪论”，没有必要过度自我反思直至严重内耗。

掉入深渊，或许只是因为这里的深渊格外多。

谁放出了心中的野兽 02

事实上，我们很多人在情绪低落或者身心俱疲的时候，或多或少都会产生一些包含恶意的想法。比如，因为嫉妒所以希望对方早点翻车，出于自卑开始怨恨周遭的环境……可以非常坦率地说，那些心怀恶意的时刻会散落在人生中的大部分不快乐的阶段。

然而，当我们将心中的恶意付诸行动时，事情的性质就会发生根本性的变化。一旦恶意行为发生，伤害到他人，必然会为之付出代价。而对于身边的好朋友，我们中的大多数人都会不设防地抱有充分的信赖。这时，一旦被朋友内心释放出来的猛兽扑倒，受到的伤害一定是非常巨大的。互相尊重和照顾永远是朋友间的底线，朋友之间，切莫亮剑。

03 当有效沟通出现缺位

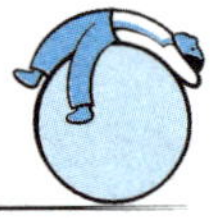

“闺蜜的脾气真的很火爆，每次她一发脾气我就有点害怕，可是又不知道该怎么告诉她。”

“好哥们说话总是夹枪带棒，好几次都让我很不舒服，但我真的不好意思直接指出来。”

学生时代，我们会和朋友谈论各种各样的趣事、爱好、八卦，但就算是处在这样无话不谈的氛围中，当心中产生与对方有关的负面情绪时，我们往往还是会欲言又止。

更可怕的是，如果始终找不到合理的表达和排泄渠道，这些负面情绪就会变成扎进心头的一根长钉，时不时制造一些难以忍受的阵痛。

彼此包容与理解是友谊之泉始终洁净的根本保障，一旦有效沟通的途径被彻底堵住，长期积攒的怨气很有可能就会“异化”成伤人的洪水猛兽。

我是这样挺过来的

01 寻求可靠的情感支持

被好朋友“背刺”的痛苦大多来自信任感和安全感的崩塌。

如果身边的人给我们留下了“不可信”“不安全”的印象，那内心深处的孤独感和无助感就会开始肆意蔓延。这个时候，向父母、人品可靠的亲戚或专业的心理咨询师求助，不失为一种给内心快速赋能的好方法。选择一个安全并且舒适的环境，将事情的来龙去脉完整地梳理一遍，在倾诉时大胆直面自己的迷茫、愤怒和伤心，充分感受对方的抚慰和关怀。

借助这个过程，重新体验信任的感觉，为自己的情绪电池充足电量。

开门见山，坦诚沟通 02

与其在受伤害后反复与自己较劲，分析过往的种种行为，不如开门见山，找一个安静且能保护彼此隐私的地方，与“背刺”事件的始作俑者当面摊牌，询问 TA 行为背后的真实想法。

但要注意的是，我们在沟通过程中，需要及时控制潜在的负面情绪，冷静分析双方的行为，了解二人之间存在的问题，最后清晰地表明自己的立场：你的行为让我很伤心，我们不再适合做朋友了。

03 大胆转身，拥抱自己

在任何一段关系中，敢于及时止损的人都是非常厉害的。既然对方选择放弃这段友谊，那么我们就不要过度眷恋，大胆转身，不要把大量时间用来内耗。

我们可以去做一些能够增长内心能量的事，培养一些能让自己放松的兴趣爱好，像听音乐和阅读都是非常合适的选择，努力成长为一个能给自己生产快乐的、有趣的人。

不做任何有害关系的奴隶，是活出自主性的关键一着。

被最好的朋友“背刺”的确是非常痛苦的体验。识人不明，有理难辩，都会让我们感觉自己被彻底困住了。但请一直记得，受到伤害不是我们的过错，它是成长过程中的一阵飓风，虽然来势汹汹却注定会烟消云散。

同频共振

@海盐焦糖

总的来说，人生信条为：遇到烂人，及时抽身；遇到烂事，及时止损。

@152·

我不是被“背刺”，是被“面刺”。和她相处了十几年，唯有在我不如她（学习成绩、生活条件等）的时候她才愿意真心对待我，东窗事发的时候我难过了好几个月，现在已经想通了，我还有比她更好、更值得交往的朋友。希望大家都不会遇到这种友情，也不用怀疑自己是不是不够好。

偷偷塞给你的小纸条

管理好自己的情绪，增强与身边人的沟通能力，向着阳光越变越好。

我对别人好，别人也会一样对我好吗？

关于友情的心酸瞬间

关键词 友情期待值 占有欲 付出与回报

你在哪一刻对朋友失望了？

是因为朋友的过度索取？还是因为自己认定的朋友的“背叛”？抑或是因为朋友没来由的嫉妒情绪？

你们之间的友情还能够挽回吗？

成绩不好她们瞧不起我，成绩好了她们嫉妒我

步入高三，我的成绩突飞猛进，月考直接考到了班级前几名。得到以前不曾有过的分数，我特别开心。我在班上的两个朋友都是成绩很好的女生，她们看到我成绩进步了，非但没有向我表示祝贺，还在一旁冷嘲热讽：“进步了，成绩也不如我啊！”这是我以前从来没有听到过她们说的话。此后她们越来越过分：开我和班上男同学的低俗玩笑，阴阳怪气地和我说话，我不想和别人说的小秘密她们居然在班里大肆宣扬……我才意识到，她们根本不值得结交。我成绩不好的时候她们瞧不起我，成绩好了她们就各种嫉妒，让我感觉痛苦万分。你是我最好的朋友，也是我最嫉妒的人。

@卑微小蛮

有时候，是不是自己也会内疚自己居然是一个嫉妒朋友的人？那么，什么样的人更容易引发嫉妒？在回答这个问题之前，我想先帮大家区分一下嫉妒与崇拜。多数情况下：

稍微优秀→嫉妒	特别优秀→崇拜	利益相关→嫉妒	利益不相关→崇拜
因运气而成功→嫉妒	因实力而成功→崇拜	近距离→嫉妒	远距离→崇拜
同性→嫉妒	异性→崇拜		

因此，朋友，尤其是同性朋友，往往是那个与自己利益相关、距离近、只比自己稍微优秀一点点的人，相对容易出现嫉妒情绪。嫉妒朋友的，其实并不只你一个人。另外，嫉妒也并非是一个完全负面的情绪。从进化心理学来说，嫉妒让人们认识到自己在残酷的社会资源竞争中所处的位置，从而帮助决定是否调整以及如何调整生存策略。

如果你意识到自己正在嫉妒自己的朋友，那么接纳自己的嫉妒情绪，并且不妨坦诚地告诉朋友："你最近好厉害呀，我好嫉妒你。"也许你会发现朋友同样在嫉妒着连你自己都没发现的一些自身优点。

如果你意识到自己似乎被朋友嫉妒了，那么了解朋友的嫉妒情绪，在自己被嫉妒的领域适当地帮助朋友。

如果自己最近考试进步了，就给朋友多讲讲题目；如果自己最近经常被老师表扬，就多带朋友出现在老师面前，刷刷 TA 的存在感。

真诚的情感表露、向朋友展示自己的脆弱，会化解嫉妒带来的敌意，让你们的友谊更进一步。

她们两个成了好朋友，那我算什么？

初三那段时间，我发现我和我的一个朋友之间有了距离感。也许是我们的座位离得比较远，她总是和另一个女生一起上厕所，一起说笑，我感觉我就像一个局外人一样。她们两个成了好朋友，那我算什么？后来，终于有一天我的心里一点起伏都没有了，开始释怀了。

@匿名

你是我的"唯一"，为什么我只能是你的"之一"？

美国作家罗伯特·赖特（Robert Wright）1982 年曾提出一个经典的说法："女性的友谊面对面（face-to-face），男性的友谊肩并肩（side-by-side）。"即女性之间的友谊是以情感分享和自我表露为特征，比如分享了关于喜欢的人的秘密；而男性之间的友谊则是围绕着共同活动、相伴相随和搞笑娱乐展开的，比如打了一场篮球。

由于拥有更多情感分享与自我表露，女性的友谊往往比男性的友谊更加紧密，因此相比男生，女生会更加在乎自己在闺蜜友情中的唯一性。女生看到朋友陪别人一起上厕所就觉得自己受到了背叛，而男生有了新朋友后更愿意接纳他加入原有的集体中。如果你认为朋友背叛了自己，可以先反省一下是否是自己的占有欲过剩了。

毕竟，朋友控制欲太强，同样是畸形友谊令人窒息的原因之一。

我和其他任何朋友玩，她都觉得我应该一一报备，觉得我不应该和其他朋友有秘密，我的事情她应该都知道，并对我的所作所为都想指导参与。

@匿名

你可以向朋友表达自己对这份友谊的重视，对方是自己的唯一，但也要接受：朋友没有义务将你也当作 TA 的唯一。

所以另一个方法是主动多交一些朋友，也许你会遇上与自己更契合的朋友。

把我当 ATM 机与情绪垃圾场

我的朋友和我说她被网上兼职骗取了七八千元，这些钱都是她向别人借的，于是我立即把我卡里的一千块钱给了她。我觉得我尽力了，毕竟我也没什么钱。快开学的时候她和我说让我和她一起每月每人还 500 元，等她还完别人的钱再还我。当时我就觉得挺寒心的，我的生活费也不多，为什么要答应她这样的要求呢？我拒绝了她。我开学以后一个月生活费 1500 元，有时候也不够，但她每次和我一起买吃的，我为了体谅她，都替她支付了。

平时她不会主动联系我，前几天却找我一起吃饭。当时我正跟舍友在食堂吃饭，和她说已经和舍友在吃了，她说那你帮我买饭送来吧。我不想帮她买，只好说我的钱也不多了，之后她回我一句，“那你们吃吧”，此后再没和我说过话。我真的挺无语的，我是她的好朋友，但是也不能这样对我吧，我觉得我真的尽力了！

@匿名

我的朋友每天都在讲自己的生活有多么难过：“我爸出国一年了”“我学不下去了”等等。我本身是有抑郁症的，最开始我还会努力安慰她，但是后来她渐渐地把我当成了她的情绪垃圾场。就很崩溃吧，而且是日积月累的那种。

@匿名

无论是在物质上还是情感上一味索取，都是对友情期望过高的表现。

我们听过太多歌颂友情的故事，诸如伯牙与子期、管仲与鲍叔牙；我们学了太多歌颂友情的成语，诸如“高山流水”“同甘共苦”。于是人们容易对朋友产生过高的要求，似乎两肋插刀是身为朋友一份不容推辞的义务，似乎朋友不帮助自己就是自私自利。

如果你是那个总被朋友“吸血”的人，当朋友的需求在力所能及的范围内时，能帮则就帮了；但是当你的朋友永远只在一味地索取时，要学会说“不”，拒绝道德绑架。如果你反省发现自己是那个“吸血”的朋友，并且你的朋友还没有因此不耐烦，感恩自己交了个“菩萨”朋友吧。

如果自己物质上的确需要朋友的帮助，那就在情感层面多为朋友付出；如果自己情感上的确需要朋友的帮助，那就在物质层面慷慨大方一些。友情的维持终究是需要你来我往的。

苦心孤诣写的诗，你不看就烧了吧

我生日的那天等了好久朋友的祝福，但她根本不记得我的生日，我当天真的很失落。我可以很清楚地记住她的生日，会提前准备好生日礼物，还会亲手为她做贺卡。

有时候她上课犯困，我借给她笔记，给她讲知识点，而后她考得分数比我高了，反倒一直嘲笑我，说我学习那么努力，还不如一个天天上课打瞌睡的她。

我以为我对别人好别人就会同样对我好呢，现在想想我太单纯了，怎么可能呢。

@22222

虽然不是在单方面索取，但单方面付出后要求对方有同等的回应，同样属于对友情的期望值过高。当一个人为朋友付出时，本就是幸福快乐的，不一定需要回报来安抚。赠人玫瑰，手有余香。

如果你真的在意 TA，其实在你用心给她准备生日礼物的每一个夜晚，回想起你们曾经一起哈哈大笑的日子，就已经足够让你开心了不是吗？“付出”本身是有独立于回报的快乐的。只是当你将回报当作了付出的目的，预期落空产生失望情绪后，会认为自己自作多情。如果你为朋友付出时原本就是快乐的，那么不必将回报当作期望。如果你为朋友付出已经感受不到快乐了，那么也不必强迫自己付出。

同频共振

@魔仙女王

君子之交淡如水，有时或许交朋友之前不要抱太高的回报期望，这样就不会有很大的落差感。相处久了，我们自然会知道 TA 是一个什么样的朋友。假如感觉不合适做朋友了，可以让这份情感淡淡地疏离。当然，如果遇到了契合的朋友，可以抓住机会深入交往。

偷偷塞给你的小纸条

舒适的关系靠的是共同付出，而不是一味地自我付出和道德式的自我感动。而真正意义上的好，是一种有温度、有力量的好，既不会全盘托付自己，也能很好地捍卫自己。

朋友总带来负面情绪，我该如何说再见？

三招教你体面地“说再见”

关键词 社交潜台词 断友谊 学会告别

有一位同学常常来找我倾诉。我一开始非常心疼她，倾尽很多去帮助她。但是后来我发现我很容易陷进这种“倾尽所有”的情绪里，包括她给我传递的一些思想，我可能无形中就接受了。之后我也发现这些思想不是那么好，影响我正常的人际交往。

她可能内心比较敏感脆弱，之前也有过与朋友不欢而散的经历，但事情是她做得不对。朋友离开她了，她因为非常依赖朋友而特别难过。她给我的感觉就是很有目的性，而且不那么真诚，我不太想和她成为朋友。

@匿名

“对方总是带给我负能量让我不堪重负”是友情中经常会面临的问题。相关研究表明：“相比正面情绪来说，人脑更容易产生负面情绪，因为大脑对‘损失’比‘获得’更敏感。”因此，容易被朋友的负面情绪影响是大脑的常见现象。

只不过有些人对于朋友的感情胜过了身体本能对负面情绪的逃避，愿意做一个小太阳，带给朋友温暖和善意，抵消负能量。但我们不能要求所有人都是小太阳，不道德绑架“友情”这件事。如果一段友谊让你没有那么开心，而你也清楚自己不愿意承受友情带来的负能量，那么首先，可以尝试用“糊弄学”减轻这份负能量。毕竟，陪伴一个受伤的朋友只需要陪伴就够了，不需要分析，不需要给出解决方法。其次，也可以提出结束这份友谊，不必苛责自己。

如何说再见呢？

01 逐渐淡出

逐渐淡出指的是通过减少与对方的沟通交流，抽离出彼此的生活，让友谊自然而然地结束。如果你比较害怕冲突和对抗，或者对方不大会倾听和接受你的谈话，可以尝试这种策略。

具体的方法如减少你们单独聊天的场景。如果是在微信聊天，就减少与 TA 私聊的情况，有什么事情能在群里讲清楚就在群里交代。如果是现实生活中的聊天，同样减少与 TA 单独见面的情况，意识到 TA 有可能会来找你，不如就先拉上另外一个同学，让你们在谈话时有第三人在场。一般来说，逐渐淡出的策略可以避免直接伤害。虽然逐渐减少和他人的社交互动是我们故意的选择，但是我们总有一个表面合理的借口去解释这种行为：“我正好要陪他出去一趟”“我学习太忙了，没时间”。

然而在某些特殊的情况下，逐渐淡出也许只是看起来很友善。如果你的朋友不接受暗示，那么 TA 会试图去猜测你们之间发生了什么以及你为什么突然消失了，之后你们可能会经历一段关系紧张的状态。

正式而真诚的沟通 02

如果你最终发现逐渐淡出的策略不太合适，或者效果不大，那么你可以邀请对方进行一次正式的谈话。真诚地谈话能够为你们提供一次友好告别的机会，有时你也许会发现谈话能够帮助彼此解决分歧并且修复友谊。

首先，邀请朋友时务必明确希望两人能够见面谈，而不是通过电话、微信、语音的方式。面对面的交流能传递更多的信息，比如你真诚的态度。

其次，作为谈话的发起人，正式见面之前，你一定要想清楚这次谈话的目的，以及你们要共同解决的问题。比如你可能想澄清误会、化解怨恨、争论之前的某个观点或者为关系设立一些界限。

重点是谈论自己的感受，而不是去责怪他人，同时尽可能地多倾听和理解彼此。

03 给彼此一段空白期

如果在谈话中你发现你们之间的矛盾无法调和，也无法理解彼此的话，可以考虑给彼此一段空白期，即约定在这段时间中，你们保持一定距离，彼此不再频繁和密切地交往。

空白期是有很大积极意义的。如果你感到不安，它让你有机会冷静下来，让你有机会重新去理解和思考这段友谊；你也可能会在此期间思念你的朋友，从而觉察到 TA 对你的意义。

当你提出结束时，朋友可能不明白为什么你要结束这段友谊，但无论怎样，这对我们每个人来说都是成长。这是我们都需要接受的情感教育。

友谊的结束跟恋爱中的分手类似，都面临一样的压力和情绪的消耗。如果你感到悲伤、沮丧或愤怒都是正常的，因为一段关系的破裂都会伴随着一些激烈而又负面的情绪。只不过随着时间的推移，这一切都会变得容易起来，你也值得将精力留给更加适合自己的朋友。

同频共振

@江月

朋友一直在给我传播负能量，我身边负能量大过于正能量，后来我慢慢不再社交。现在一个网友一直在鼓励我，帮助我。其实对方给你传播的负能量不止你一个人听了，等到对方意识到你不再是 TA 传播负能量最好的听众后，TA 也就不理会你了。谁都是个小太阳，但是一直被黑暗包围谁会发光呢？不要太在意别人的感受，自己难过了就刷一些正能量的视频。说实话，网上的朋友有时比现实中的朋友更能给予我们正向情绪价值。不要难过，不要在意那些负能量，TA 们会自动寻找下一位听众。

偷偷塞给你的小纸条

朋友散了也没什么不好，每个人都在发生变化，彼此都只是做了一段时间的朋友，大家当完了这个阶段的朋友，就该各自去当别人的朋友了。既然做不成朋友了，去寻找你人生中其他的朋友吧，不要再去说 TA 的不好，给彼此留一些美好。

学习的焦虑

习惯养成　情绪管理

不是学霸够自律，是学霸善于用他律

正视他律的积极作用

关键词　外部力量　自我约束　对抗惰性

为什么我们的计划总是完不成？

不用太自责。自律很难，中学生自律更难。只是，同样是意志力薄弱的中学生，为什么总有人能名列前茅？其实，学霸也并非足够自律，只是他们更善于用他律，也就是外部约束，让渡部分自由，弥补自己缺失的意志力。

他律，才是大多数中学生逆袭的终极答案。

为什么需要他律？

01 意志力稀缺

意志力，从来都是稀缺资源。

意志力部分来自天生，部分来自儿时良好习惯培养出的延迟满足能力。然而，并非人人都能在儿时得到良好的习惯培养，并非人人都能将踏实、认真当作一以贯之的自我要求。即使是已经“握在手中”的意志力，能量也有限。

美国著名社会心理学家罗伊·鲍迈斯特（Roy Baumeister）的曲奇胡萝卜实验已经表明，意志力更像是肌肉，越利用越疲劳，如果剩余“能量”不足，也会无法完成其他需要意志力的活动。更不用说，中学生心智尚且不成熟，如果不明白读书的意义，看不到学习的好处，就更难在暂时看不到正向反馈的时候调动意志力，静心读书，保持自律。

当意志力缺位，用他律约束自己，才是更适合大多数中学生的方法。

束缚减少，选择变多 02

当今社会是价值观多元化的社会，人们的思想逐渐开放，选择日益增多，遍地都是梦想与机会。有人向往“一日看尽长安花”的高光时刻，也有人安于柴米油盐的平凡生活；努力读书、好好学习的人可以走向人生巅峰，不擅长读书但有一技之长的人也可以拥有光明的未来。读书仍旧是离成功最近的路，但不再是唯一的路，人们拥有了更多的人生选择。于是，在“过剩”的自由中，许多本就不擅长读书的人越来越爱“走神”，也越来越不自律。

03 科技发展，自由扩展

媒介是人的延伸。近年来，日新月异的电子设备能够让人们花费更少的精力看到更加琳琅满目的世界，也让大千世界的灯红酒绿越来越触手可及。也就是说，人们的欲望越来越容易被满足。而欲望是无止境的，一个欲望短暂得到满足，越来越多的欲望却由此生发。

科技飞速发展了，人脑却还是曾经的大脑。人们还没有足够的媒介素养面对鱼龙混杂的网络信息，还没有足够的意志力对抗容易使人上瘾的软件机制。而沉溺于即时满足是人的本能。人们很容易沉醉于“渐欲迷人眼”的乱花，享受一个又一个欲望的极致满足。

此时，尤其需要他律。

迷茫无措，丧失热爱 04

热爱可抵岁月漫长。追梦的路途漫长而艰难，很多人之所以能够坚持，是因为心中有所热爱。因为热爱，旁人眼中枯燥无味的事情在自己眼里也生动活泼起来。因为热爱，坚持不再是需要耗费意志力的苦行，而是能够带来源源不断正向反馈的快乐。用热爱支撑自律，首先需要有热爱，有梦想。

对于中学生而言，阅历尚浅，自我探索不足，很多人甚至还在疑惑“为什么只有我一个人没有梦想”“为什么我连想做的事都没有”……少了热爱带来的自发动力，更需要他律在自己迷茫无措的时候督促自己，先去完成那些“难而正确的事情”。

如何更好地他律?

他律，意味着通过外部力量约束自我。善用他律，意味着善于借助环境与他人的力量对抗惰性，保持“向上”。

01 营造不自由的环境

根据美国传播学学者威尔伯·施拉姆（Wilbur Schramm）提出的或然率公式（或然率 = 报偿的保证/费力的程度），人们做出某一选择的可能性与报偿的保证呈正比，与费力程度成反比。而营造不自由的环境，正是通过增大满足欲望的费力程度约束欲望。

前往人人都在埋头学习的自习室，吃零食、玩手机成了不方便完成的事情；手机交给父母或放在隔壁房间，漫无目的地解锁刷手机成了不方便完成的事情；娱乐软件全部删除，通知消息统统屏蔽，拿起手机分心玩耍成了不方便完成的事情。营造环境的不自由，才能保证自我专注的自由。

期待他人的注视 02

罗振宇坦言，他逼迫自己上进的方式是“绑架”自己。虽然持续做 20 年跨年演讲这件事很难，但他选择将这件事广而告之——将自己架在高台之上，感受到很多用户对演讲的期待，既有压力，也有动力，在他人的注视下逼迫自己完成这件艰难的事情。

不少背单词 APP、健身 APP 的打卡功能也是相同的道理。当自己开始在朋友圈打卡，将“向上”的目标通知了越来越多的人，得到越来越多的人注视，即使自己的意志力无法督促自己完成原本的任务，给他人一个交代、满足他人期待所带来的动力也能起到自我约束、自我督促的作用。

可以结交学习搭档，共同建立关于学习的奖惩制度，互相关注对方的努力；可以将自己的目标与他人的利益挂钩，将他人的期待转变为自己的动力；可以将自己的挑战广而告之，为了保持人设，努力完成不得不完成的挑战。总而言之，让渡出让自己即时满足的自由，才能在强制性的他律中获得更多的延迟满足自由。

我们总在强调，自律优于他律，内心的强大优于旁人的监督，却忘记了，对大部分人，尤其是大部分中学生来说，自律还不是一个轻而易举就能够培养出的能力。

与其完美主义地强求意志力提升后的自律，不如正视他律，用好他律。

同频共振

@小蔡

低级的欲望，放纵即可获得；高级的欲望，克制才能得到；顶级的欲望，通过煎熬获得。

@麦穗

唯有热爱，可抵岁月漫长。因为热爱，万物便开始有了定义，愿大家都可以成为自己的太阳，带着热爱奔赴山海。

@happyvalentinesdayhegel

我一般会拿计时器计个时来应对走神的问题，告诉自己至少这段时间内要专注，或者把自己走神想起来害怕忘记的事记在纸上。

@茉愁.

在完成每一项计划前，先在脑子里强化一下完成这项计划的目的、完成这项计划的好处，或者想想完不成的后果。

@Ove

我考研期间不去图书馆的话根本学不进去，总想着玩，还容易吃零食。但是去图书馆的话就特别紧张，不敢发出动静，总觉得不学习的话会被别人议论（确实有人在校园告示栏上挂过“占着座位不学习”的帖子，哈哈）。虽然我有点太敏感了，但这一招对学习还是很有用的！一天天地逼自己去图书馆，最后顺利考上心仪的学府啦！

偷偷塞给你的小纸条

用他律带来的不自由保证自己终将自律的自由。

你和学霸差的不是“脑子”，而是“动脑子”

成功留给主动学习的人

关键词 跟风学习 假努力 效率低下

最近考试考得怎么样？ 有没有感觉自己经常很努力，考试结果却不尽如人意？

自查自己是否有这些表现

01 跟风刷题

看到别人做什么练习题，你就无脑地跟着做。你并没有主动探索适合自己的学习之道，没有思考自己适合什么样的做题方式，以及这个阶段自己需要提升的是哪方面的能力。当看到别人开始主攻某一科目或者又买练习题时，你也会紧随其后。但最后你会发现，别人的成绩提升了，而自己却原地踏步。

因为你只是在跟风刷题，却不知道，对方是根据自己的学习现状做出的策略调整，而你仅仅是复制粘贴。

躺在舒适区刷题 02

你会刷题，会刷很多题。但仔细想想，你只是刷题的量上去了，其实大部分题是你已经会做的。你只是躺在舒适区里，手动了，脑子没有动。成绩出来后，你总是哀号“努力没有用”。但仔细想想，你从没有主动细致地总结过成绩退步的原因，也从没有及时根据复盘结果调整过学习策略。

03 效率低下

学习效率极低，别人一小时能做完的事情自己总是需要三四个小时。一方面，你没有清除影响自己学习的诱惑物或消极情绪，调动自己的积极性投入到学习之中；另一方面，你也没有在当下及时反思自己的学习状态，及时更换为适合自己目前状态的学习任务。

为什么说学习一定要“动脑”？

不好的学习习惯，归根结底，都是没有主动学习的表现。

当你没有主动学习时，那学习于你而言，就是一个任务，一个谜题，一个黑箱子。而所谓的主动学习，指的是主动思考自己有什么样的学习特点、目前最重要的学习任务是什么、可以使用什么样的学习策略等。

主动学习时，你的注意力是高度集中的，你会积极参与到学习之中，而非被动地按量完成任务。因此，当花的时间相同时，主动学习的效率远远高于被动学习。

01 进度条清晰

当你主动学习时，你会时刻复盘学习的收获和不足，你也会知道自己目前要达到什么目标，以及为此需要付出什么努力。而这种清晰的感觉让你看到了学习的进度条，让你不会太迷茫无措。

02 积极情绪加满

当你主动学习时，你会分析自己考试成败的原因，进而针对薄弱的部分重点突击。这种有方向、有目标的学习能让你产生希望，而非绝望。同样，当你分析试卷，看到自己先前努力的板块大有进步时，你也会深受鼓舞。

03 事半功倍

当你调动所有认知资源主动思考、动脑子地学习时，例如一道题写多种解法、限时答题，你会发现很痛苦。但越痛苦越能成长。动脑本质上和健身相同，你发动越多脑细胞或运动细胞，你就会越累，最后也会收获翻倍。

及时止损 04

当你主动思考学习计划、复盘学习成果时，你就会知道自己哪一步的努力出了错，进而及时调整策略，而非花大把时间在远远超过你水平的难题上，纠缠自己短时间提不了分的板块，最后血本无归。

05 更懂自己

当你时刻监督自己的学习状态，你就会慢慢了解自己的特点，例如，有的人一道题看两分钟就直接看解析，然后安慰自己说看得懂答案就说明会做了，这其实是畏难情绪作祟和自我欺骗。而当你能在当下注意到自己的放弃心态和翻解析动作时，你就会提醒自己独立做题的重要性。

主动学习是一件你去做就会有收获的事情。当你主动学习时，你的内心也不会那么容易受到外界影响，同样也不会因为一次考试结果就自暴自弃。

如何主动学习？

01 上课时

中学生每天上课的时间占学习时间的三分之二以上，可见专心听课的重要性。而一节 45 分钟的课，学霸总是能做到高效听课 40 分钟以上，在课堂上把该解决的问题都解决了。

预习

每次课前花 10 分钟预习，你就能知道自己哪一部分存有疑惑，进而在课堂上有针对性地听讲。而对于你已经理解的部分，你也能在老师提问的时候更加勇敢地回答，甚至期待被点名而非把脑袋缩起来。这种针对性听讲以及兴奋感，能让你将学习视为挑战或乐趣。

边听边背

当老师讲的内容很简单，你忍不住走神时，要时刻监督自己的注意力。可以试着跟随老师的思路，思考每一个知识点的推导过程，或者边听边背下来，这样的收获会比发呆一节课好很多。

记笔记

当老师讲的内容很难时，也请不要直接摆烂不听。你可以识别哪一部分是自己听得懂的，然后努力听。而对于听不懂的部分，则可以先把老师的讲题思路记在笔记本上，等这部分的基础打好以后，想要重新理解难点也能有现成的笔记作为参考。

写作业时 02

制订计划

确定下一阶段想达成的目标，具体细分到每个科目及每个板块想提升的分数，并为此制订计划。例如，今天的目标是弄懂某个知识点或者学会某个题型，并为之做相对应的题目。

每日复盘

每天总结自己一天花了多长时间做了哪个任务，每周再统一整理一次。通过复盘，你可以知道自己的努力与回报是否成正比。

示例：通过统计，发现自己每周在英语作文的练字上所花时间高达四个小时，而几乎不花时间背诵单词。这导致我最近在单词拼写和单词时态上失分严重。作文的字迹虽然重要，但顶多只能让我多得两三分。因小失大并不是好事。

@匿名

多做错题

整理错题的目的并非只是让你看看而已，而是要你反复地独立完成纠正错题。你可以准备一个专门写错题答案的本子。每道错题留一页的空白，然后把这道题每次的解题思路都写在上面。经过几次解题，你就会知道自己总是在哪一步卡住，或者意外发现自己在逐步按顺序掌握解答这道题的逻辑。

03 面对考试成绩时

分析试卷

不要把考试结果当成一个数字来看待，而是作为你的行为表现图。那么，应该怎么分析试卷所反映出的“行为表现”呢？

复盘模板：我发现自己某个科目丢分的板块主要是……这是因为最近学这部分内容时，我明知道需要……但是就是没有做到。此外，对于擅长的科目，我需要努力保证其分数至少稳住不变；对于不擅长的科目，我需要先主攻最容易提分的板块，具体来说，我这周可以……（制订计划，调整策略）。

分析错题

不要简单地将错题原因归为粗心，因为那些你看完答案后恍然大悟的题目，你下次依旧有可能做不出来；那些你找理由说是自己没看全条件的题目，你下次依旧有可能看不全题目要求。反之，你应该试着思考自己丢掉分数的具体原因。例如犯了什么低级错误，哪一部分的逻辑还不够完善，哪一块知识点还不够熟练。

主动学习意味着了解自己、了解任务，制订计划，调整策略。与此同时，在学习过程中监督自己的状态和检查学习进度条。很多人在学习时，总喜欢自我欺骗。“反复地做对事情结果没有实质影响的努力，用行动上的勤奋来掩盖思维上的懈怠——表面上很勤奋，实际上却刻意回避了真正困难却更有价值的部分。”而主动学习、真努力，需要集中自己的全部注意力，调动尽可能多的脑细胞。

同频共振

@南枝

虽说我们到最后可能也只是一个普通人，但你也不必悲观。我一直都相信一句话：“求其上者得其中。”现在我想把这句话送给你。我觉得我们不用想那么多，你尽管努力就好，结果交给时间。

@乔乔的奇想

我有一个专门用来分析每次考试成绩的笔记本，详细地对每一次考场表现和做题短板进行总结反思。上学期前桌同学说我这样有点儿太费时间了，我虽然嘴上不同意，但心里也犹豫是不是不该这样“磨洋工”。但反复思考自己的个人情况之后，我觉得这个工作对我来说很必要！于是在尽可能提高效率的同时坚持做了下去，我觉得真的有用的！

偷偷塞给你的小纸条

“我生怕自己本非美玉，故而不敢加以刻苦雕琢，却又半信自己是块美玉，故又不肯庸庸碌碌，与瓦砾为伍。”你我都是美玉，愿你我都可以耐心主动地刻苦雕琢。

准备越久，结果越差

你的准备时间超过了真正学习的时间

关键词　过度准备　二八法则　执行力差

当我想周末在家好好看一部电影的时候，我会点一大盘炸鸡、一大杯奶茶。洗澡，换上最舒服的睡衣，打开屋子里的星星灯增加氛围感。在手机上查 20 分钟纠结究竟是看这部评分 8.0 但评论多的电影，还是那部评分 8.3 但评论少的电影。打开空调，裹着毯子，窝进小沙发，打开投影仪。

十分钟后，炸鸡吃完了，电影的剧情主线甚至还没有展开。五分钟后，手机不断弹出消息，我手舞足蹈地加入群聊。周末影院就此“关门大吉”。

其实不只是看电影，有时候花在学习上的准备时间有可能超过了真正学习的时间。

哪些行为是在过度准备?

01 过度准备学习工具

中性笔要买 0.38mm 的，0.5mm 的太粗，拿着就不想写作业。荧光笔要买三个莫兰迪色，否则颜色太丑太少，做记号影响效率。草稿本要用印有名校抬头的，不然没有动力打草稿。书桌要布置成那些学习博主温馨整齐的书桌的样子，不然影响学习状态。开始学习前要让爸妈给我削一盘水果，奖励这么快就进入学习状态的自己。

的确，学习用具的使用体验会影响学习效果，更好的学习体验会让自己更有动力好好学习。但学习用具不会对学习效果产生决定性的影响。再顺手的中性笔，没有头脑中足够的积淀，也很难写出文采斐然的文章。

02 过度准备学习状态

“等我 emo 完，我就好好学习。”“等我身体状态满分再学，我一定能学得更高效。”完美主义的人，总是认为只有进入完美状态才能做好一件事。

但如果一定要进入最佳情绪状态、身体状态才能好好学习，那么一天中适合学习的时间也许所剩无几。边哭边学、带病学习自然不值得提倡，但情绪状态、身体状态六七分时学习，同样能达到较好的学习效果，不必非要苛求完美的开始状态。更何况，也许进入心流的学习体验，会让一个原本有些消沉烦躁的人在沉浸式学习中找到快乐，情绪状态反而越学越好。

03 过度准备学习方法

“我一定要翻遍小红书 APP，找到一篇最好的数学学习方法。”“我一定要搜遍知乎，找到背单词最高赞的回答。”信息爆炸的时代，网络上学习干货的分享铺天盖地，甚至让人眼花缭乱。如果没有较强的筛选能力与判断能力，反而可能掉入海量信息圈起的“牢笼”。

其实，比模仿状元笔记更重要的，是理解知识点后写出自己的笔记；比搜寻最佳学习方法更重要的，是找到一个不错的学习方法，然后开始行动。状元的学习方法并非不值得参考，只是大多数学生更需要明白的一个道理是，并非一定要“钻牛角尖”找到一个十分的学习方法才能开始学习。一个七分的学习方法搭配努力，已经足够达到十分的学习效果。无论是过度准备学习用具，还是过度追求学习状态，又或是过度搜索学习方法，这些准备的完美与否对学习效果的影响都并不显著，反而是用在过度准备上的时间和精力，剥夺了原本可以好好学习的机会。

如果你也困惑于很难在准备与开始之间做好权衡，可以试试“二八法则”。规划出自己完成整个任务所需要的时间，其中前 20% 的时间可以用来寻找方法、调整状态，而时间一旦进入后 80%，即使还没有找到最佳方法、状态、用具，那么也先按照自己当前找到的方法继续执行。

哪些想法是在过度准备？

01 万全的知识储备

看很多知识点，但就是不做题；温习很多宝典，但就是不尝试。

有些人总是认为自己的准备还不够，永远在进行理论积累，却永远不愿意真正实践。他们忘记了学习知识的目的仍然是运用。有的时候做过题才知道易错点有哪些、常见的出题陷阱是什么。带着问题回看课本，弄明白哪些是自己应该重点掌握的知识点，反而更加高效。

完美的预设方案 02

“荒废了两年，我要重新好好学习物理了。可是如果必修一有不会的题目怎么办？现在去找老师问必修一的题目感觉不好意思张口。”

因为没有想好遇到问题的求助对象，所以迟迟没有开始学习。却没想到没过几天全班调座位，正好安排自己做了物理课代表的同桌。有预设方案自然很好，提前的规划可以避免情急之下的“捉襟见肘”，但并非一定要预设好一切应对方案才能开始。

更何况，预设的困难反而可能剥夺自己原本就不够充足的动力。毕竟，计划赶不上变化。这个世界有太多的变数，不可能事先规划好未来几十年的蓝图，再按照图纸施工。况且谁又能断言，按部就班规划万全一定比误打误撞得出的结果更好？

03 精准的目标确立

“还没有想好自己学这个专业未来可以做什么，我没法完全投入地学习。”“等我确定自己这个学期的目标，再开始有针对性地学习。”

学习有目标，的确可以让精力更有的放矢。但不是一定要确定目标，才能开始执行。更何况，开始学习之后，目标可能因为自己的心智、能力、状态等的变化而需要重新调整。比如学习英语专业之前，由于不清楚自己的能力和兴趣所在，很难断言自己的专业方向。只有开始学习之后，才会发现自己口语能力更强还是书面表达能力更强，再结合自己的兴趣点，确定未来选择口译方向还是笔译方向。

无论是过度的知识储备，还是过渡的方案预设，抑或是过度的目标规划，都属于精神层面的过度准备。过度精神内耗，反而会使人忘记了比纸上谈兵更重要的是实践与运用。

过度内耗，执行力差怎么办？

01 五秒法则

当需求出现的时候，屏蔽自己的感受，制造一个所谓的“发起仪式”，倒数五

个数。之后，抛掉过度准备这件事的精神内耗，立刻行动，专注于目标或承诺。

撒旦五分钟 02

当一件事情不得不做，但自己拖延症发作时，告诉自己，只做五分钟。也许一开始会十分抗拒，但熬过五分钟后，身心都开始进入状态，很有可能继续坚持下去之后的很多个五分钟。

03 好好玩，好好学

玩的时候好好玩，学的时候好好学。只有保证了休息的时候不必在“没有学习”的负罪感下过度精神内耗，才能有更大的动力在休息充足之后开始学习。不再有“还没玩好”的念头，也能让学习状态更加专注。

同频共振

@Soulsinger.

我想起来一句话不知道对不对：“踏破铁鞋无觅处，得来全不费工夫。”很多时候一件事情辛辛苦苦做了万全准备，但事情根本不会像你想的那样发展，也不会出现你想要的那个结果；但如果你换一种思维方式，不那么在乎它，它反而会按照你所想的方向去发展，最后还能得到一个很好的结果，这就非常的奇妙。

@lucky

我参加比赛，精心准备练习不一定能得什么好的名次，但是我以随意放松的心态去比赛，结果往往比想象的好。

偷偷塞给你的小纸条

很多时候，我们会对未来感到迷茫。因为找不到前进的动力，所以迟迟不愿意开始。但其实，我们可以拥抱像阿甘一样的钝感力。不精于算计，不工于心计。略显“笨拙地”奋力向前冲，已经是一种智慧。

比完美更重要的是开始。未来会在自己的行动下逐渐清晰并触手可及。

真正学习好的人都开启了极简模式

那些并不需要的东西会成为前进的负累

关键词　极简模式　形式主义　断舍离

搬家那几天，每当我收拾屋子到深夜，整理出一大堆原本以为有用而囤积起来最后却全部成为垃圾的物品时，内心都在崩溃狂吼："当初为什么要留这么多没用的东西啊！"

重新审视自己和物品的关系之后，我对"极简"有了更切身的理解：我们真正需要的东西并不多，而那些并不需要的东西不断侵占我们的空间和思想，反而会成为前进的负累。

家居整理如此，学习如此，人际关系同样如此。

真正在学习的人，方法都是极简的

01 学习工具极简

"开学必备好物""高效学习软件""上岸文具分享"……打开小红书 APP，搜索"学习好物"，一篇篇封面精美、标题醒目的攻略层出不穷。有些攻略把"考研上岸""国奖第一"与万千精致的学习用品挂钩，为这些学习用品披上了光鲜亮丽的外衣，于是学生们争相购买，争相使用。然而，对学习而言最重要的，应该是一个主动思考的大脑。为了向老师呈现掌握水平，所需要的也只是能将脑中所想转为可见内容的一支笔、一张纸。为了提高应试能力，最多再摆上一个控制时间的闹钟。

太多的精致学习好物，不仅需要花费时间学习如何使用，还容易转移学习时的注意力。

02 学习资料极简

你有没有囤积学习资料的习惯？

辛辛苦苦到手了一套邻班老师发的秘密讲义，复印出整整 72 页知识点，然后束之高阁，抱着“复印了就是学会了”的心态溜之大吉。问到了学霸同桌在刷哪本练习题，冲去书店激情下单，然后压在枕头底下，总觉得睡前有机会拿出来学习。然而，囤积学习资料不等于思考了、掌握了；垫枕头再久，知识也不会趁着睡觉偷偷溜进脑子。

正是囤积的物品看似有无限的时效性，让大脑丢下了紧迫感：“先放在那里，总有一天我会用到的。”于是反而降低了学习效率。

不如逼自己采用“极限丢笔记”的方法。当天任务当天掌握，确定掌握熟练后就把笔记撕掉、丢掉。这一方法看似极端，却在用真实的主动思考取代抄笔记、囤资料等伪努力的学习方式。

03 接触信息极简

你有没有统计过，你一晚上的专注状态会被打断多少次？而其中多少次是来自并无意义的信息？

手机突然弹出待升级的系统信息，查学习方法时刷到上新的奶茶，班级群里跳出与自己毫无关系的消息。系统什么时候升级无伤大雅，上新的奶茶也不是一定要喝，他人的讨论更是平白无故消耗了自己的注意力。长此以往，你会难以保持长期专注，难以进入学习状态。

虽然作为学生，应该“风声雨声读书声声声入耳”，但专注学习的几个小时里，完全可以“两耳不闻窗外事”。

屏蔽不必要的信息，把注意力放在真正重要的地方。

很少内耗的人，人际关系是清爽的

01 竞争感极简

盯着竞争对手的一举一动，TA 学你也学，TA 玩你偷偷学；出成绩总是胆战心惊，TA 考得好你闷闷不乐，TA 考差了你幸灾乐祸。

竞争感的确能够激发动力，然而病态的竞争却容易徒增焦虑，让人心胸狭隘甚至迷失方向。正如在球场中踢球，球员的目标应该是足球，而不是对方球员。学习中努力的方向应该是学会更多知识，而不是与竞争对手作比较。如果达到了学习目标，那么即使对方超过了自己，成就感也依然不少。而如果没能达到学习目标，那么即使自己超过了对方，所谓的成功又能有多大的价值？

减少病态的横向比较，“尽人事”后降低期待，精神状态清爽了，也就能抛却后顾之忧，轻轻松松地学习。

放下那些“遥远”的朋友 02

有的人虽然看起来是人群中的“交际花”，但有着很多朋友的他们，却依然可能为人际关系所困扰。

那些心理上“遥远”的朋友，谈论的总是星座、明星等浅层信息，对家庭、情感等深度话题点到即止。于是，等到“交际花”们真正需要倾诉的时候，会发现“长长的通讯录列表，找不到一个可以说话的人”。真正的友情是理解对方的内心，尊重彼此的思考，在精神世界有所共鸣，而维系这样的深层友情自然更需要时间和精力。除了那些在人际关系上信手拈来的人，大多数人精力有限，如果对很多不值得的人太过“上心”，容易出现精神内耗、交友疲惫。

分清真正重要的朋友与泛泛之交。只在意真正重要的人对自己的评价，只用心维系真正重要的朋友。人际关系清爽了，内心也就清爽了。

03 远离“有毒”的人际关系

“有毒”的人际关系，是可以远离的。

如果在和对方相处的过程中经常感受到不被尊重、不被在意，甚至因为对方造成的消极影响而常常陷入无法承受的负面情绪中，那么，这很有可能是一段有毒的关系。

你必须明白苦口婆心与恶意中伤的区别，明白互相搀扶与情感索取的区别。当确定了对方的确毫不在意这段关系、毫不重视你时，那么无论爱情、友情还是亲情，都是可以远离的。你要坚定勇敢地去触碰更广泛的生活。

每个人都可以跳出拖累着自己的躯壳，将自己归还给整个世界。

不要让不需要的东西成为前进的负累

日本“收纳女王”近藤麻理惠提出的收纳建议是：“只留下让你怦然心动的，其他统统‘丢掉’！”这一原则在学习与人际关系中同样适用。在学习中只保留最有用的物品与信息，学习会在更高的效率下获得更多动力；在人际交往中只认真维系与最重要的几位朋友的关系，这样优质的人际关系也能带给自己抵御风雨的更充盈的爱。

这个科技飞速发展的时代给我们的生活做了很多加法。飞机可以日行三万里，手机可以一键知天下，通信工具可以添加到遥远的朋友。但纷繁复杂的信息会夺走有限的注意力，太重的科技感会磨灭一个人应有的灵性。在外部不断做加法的时候，内心可以不断做减法。

一天能用的时间有限，所以只用在必要的学习上；一生能用的精力有限，所以只用在必要的人和事上。

同频共振

@友哈巴赫

我觉得真的有道理，我自己就是一个爱极简整理东西的人。之前用了番茄时钟APP反而效率更低，因为我会很纠结时长、纠结什么时间休息，让人很烦躁。真正的学习其实是放下手机，开始做就好，该吃饭吃饭、该休息休息。

@Menchi

当时高一班主任就和我们说：“活得简单点儿，该学就学，该吃饭就吃饭，别想那么多。”后来，我上了高三，甚至现在上了大学，我都觉得他说得好对。在当下我觉得好难做到不内耗、做到极简，但我在试着去活得简单、积极、快乐！

偷偷塞给你的小纸条

将注意力从令人眼花缭乱的大千世界收回，明白内心真正的渴望，感知内心真正的波动，如此，才能用丰富的人生感知浇灌贫瘠的人生阅历，从有限中看到无限。

真正学习好的人都很会睡觉

白天恍惚神游，夜间挑灯苦读

关键词 科学睡眠　主体意识　黄金 90 分钟法则

“十一点钟，该上床了，我要做一个早睡早起身体健康的人！”拉上窗帘，隔绝光线；关紧房门，远离噪音；睡衣要穿纯棉的，耳塞要戴海绵的，眼罩要用蒸汽的。

万事俱备，开始数羊：一只羊，两只羊，肥牛、毛肚、番茄锅；三只羊，四只羊，able、apple、abandon；五只羊，六只羊，同桌究竟看没看到我给 TA 的留言；七只羊，八只羊，这次考试又退步了，我的人生一片灰暗……

你是否也曾遇到过这样的情况：窗外漆黑一片，内心却灯火通明；任凭催眠曲循环播放数十遍，也挡不住如潮似浪的杂念光顾你的大脑。辗转反侧、唉声叹气，最后留给你的也只有——彻夜难眠。无奈之下，你只好满脸怨气地迎接第二天的疲惫和困倦。

有人说：“衡量一个人厉不厉害的，不是情商，也不是智商，更不是什么所谓的逆商，而应该是‘睡商’。”人的一生约有三分之一的时间是在睡眠中度过的。在当今这个内卷成风、压力进犯的时代，睡个好觉显得格外重要。但对于正处在身体发育重要阶段的青少年来说，“睡个安稳觉”似乎已经变成了一种奢望。

真的是你不想睡吗？

01 来自现实的压力

那道解析几何题还没做完，《琵琶行》还没默写，第六单元的单词还没背会呢……“不是我不想睡啊，明天早上就要检查了啊！”下午的随堂测验又没及格，过几天就要开始模拟考了，等我长大要做点什么呢？就算好不容易结束了繁重的课业任务，躺在床上也要因为各种现实问题翻来覆去睡不着。

随着竞争的加剧，青少年的学习压力也越来越大。为了比别人多做一道题、多背几个单词，我们不得不趁着月光奋笔疾书。但是熬夜学习的效果似乎并不理想：白天精神状态差，上课容易走神，学习效率低下。于是又要在晚上的时候恶补，从而陷入“白天恍惚神游，夜间挑灯苦读”的恶性循环。

人际关系的苦恼 02

月考考砸了，这次又没机会和 TA 做同桌了，我要不要去表白呢？TA 居然不和我一起去吃午饭，接水的时候也没来找我，是我做错什么了吗？课间的时候，老师找我去面谈，看起来很着急的样子，不会是又要说我了吧？今天和妈妈吵了一架，妈妈明明也是为我好啊，我怎么那么不懂事呢……

青少年身心发育并不成熟，对爱情的懵懂和憧憬、对人际关系的焦虑和不安、对父命师训的不理解，总是使我们在漫漫长夜里不得安眠。这就需要我们在白天敞开心扉地和别人聊一聊，将困惑摊开来解决，而不是在深夜自怨自艾地苦思冥想。

03 主体意识的觉醒

在白天，我们是父母的子女，是班级的班委，是老师的学生，激昂地背诵着古诗文，埋头苦干做着一道又一道必刷题，而到了晚上，这一切都化作自我意识的觉醒。于是我们打开手机，刷视频、打游戏、追剧或者看小说，沉浸于这种快感之中。

心理学上将这种行为称作“报复性睡前拖延症”。休息不仅是指生理上的休息，还包括心理上的休息。人们之所以不愿进入梦乡，就是因为白天的活动没能满足自己的灵魂，所做的事情并非自己心甘情愿、打心底里热爱的，于是夜晚争分夺秒，来换取心理休息的时间。

对于这种情况，我们可以尝试在碎片式的休息时间里给自己培养一些易于掌控的兴趣爱好，比如写日记、打球、唱歌等，既不会让自己难以抽离，又能时常给自己一定的个人时间和自由感。

睡个好觉真的很重要

1963 年，斯坦福大学设立了全球首个正式的睡眠研究机构——斯坦福大学睡眠研究所，其研究表明睡眠不仅仅是在休息。

01 “美容觉”从来都不是噱头

长期熬夜不仅不利于皮肤保养，还会加剧肥胖。长时间熬夜会导致内分泌系统紊乱，使皮肤变差。除此之外，当人缺乏睡眠时，体内的瘦体素会减少而胃饥饿素会增加，从而使人容易感到饥饿，食欲大涨，所以熬夜的人总想吃夜宵。长此以往，不仅会导致脂肪堆积，也不利于肠胃健康。因此，我们总能发现睡眠好的人不仅气色好，身材一般也不错。

睡好觉才能避免遗忘 02

当我们入睡之后，大脑的海马体区域就会开始工作，负责将短期记忆转化为长期记忆。我们学到的知识都靠睡觉的时候牢牢保存进大脑之中。我们可以在睡前再看一遍今天的记忆内容。等睡着后，海马体自然会帮助我们加深对这些内容的印象。

所以，请那些想要提高学习成绩的同学，千万别再熬夜了，否则只会适得其反。

03 睡好觉才能更加健康

事实上，我们机体的免疫因子大多都是在睡眠中形成的。长期熬夜会导致免疫力下降，出现疲劳、精神不振的情况，同时也更容易患病。相信很多学生都听老师说过：“身体是革命最大的本钱。”只有拥有一个健康的身体，我们才能以更饱满的状态完成学业。熬夜学习实在不是什么明智之举。

睡不着真的就没办法了吗？

列宁有句名言：“不会休息的人，就不会工作。”如果可以学会科学睡眠，学习起来自然会事半功倍。

01 增强入睡钝感力

要想睡好觉，首先要在心理上改变自己对睡眠环境敏感的认知。有光线其实没什么，有声音其实也没什么，床垫材质不要紧，睡觉姿势也不碍事。不要在心里为自己的睡眠预设很高标准的要求，并减少任何可能导致自己兴奋的因素。

假如我们真的那么难以入睡的话，那上课走神的时候、坐长途汽车的时候，又是怎么安然入睡的呢？

黄金 90 分钟法则 02

斯坦福大学睡眠研究所所长西野精治提出的“黄金 90 分钟法则”指出，人的睡眠质量是由睡眠初期的 90 分钟决定的。如果在最初的 90 分钟能进入深度睡眠，这一整晚的睡眠质量都不会差，第二天自然可以高效工作和学习。换个角度想，哪怕真的有什么不得不做的事情，我们也可以先睡 90 分钟，等深度睡眠结束，再继续完成。

03 自我调节

适宜的体温是入睡的良性催化剂，因此我们可以在睡前泡澡或者泡脚，在提升自己体表温度的同时，达到放松肌肉的目的。在躺下后，也可以试着做深呼吸，尽快放松身心，进入睡眠状态。

偷偷塞给你的小纸条

世界上有这样一种“药”，不仅能让你拥有鲜亮的容颜、健康的身材，还能提高你的记忆力、免疫力，让你远离疾病，尤为重要的是它还能使你身心愉悦、精神饱满。

这种“药”并不难买，甚至它现在就掌握在你的手里——睡个好觉。

为什么我对学习总是三分钟热度？

享受学习竟然这么简单

关键词 意志力 自控力 延迟满足

“这次考试退步好大！我要从今晚开始好好学习！”

两天后……

“学习好累啊，数学题怎么都不会算，物理课听不懂啊……为什么别人没怎么努力也比我考得好？我坚持不下去了。”

摆烂两天后……

“我活得太糟糕了。为什么我好好学习的念头只能维持几天，怎样才能坚持下去呀？”

以上情景也是你的日常吗？为什么你学习时总是三分钟热度？其实，对一门学科没有天赋、没有兴趣、没有基础，都有可能让人在学习时因迟迟无法得到正向反馈而产生倦怠心理。

但本篇文章，我们想介绍另一个常见原因：延迟满足能力不足。

学习这件事，学霸也并不一定能轻松地获得学习上的正向反馈，只是相较而言，学霸拥有更强的延迟满足能力，即使当下学习的内容并不让自己快乐，也能够耐住寂寞，潜下心来。于是他们能够撑过学习的枯燥时光，在最终的考试中取得优异成绩。

著名的“棉花糖实验”可以为之佐证。20 世纪 60 年代，在美国斯坦福大学任心理学教授的沃尔特·米歇尔（Walter Mischel）设计并主持了“棉花糖实验”，结果发现只有三分之一的孩子拥有延迟满足的能力。而实验同时发现，这些有延迟满足能力的孩子，往往能在学业上取得更加优异的成绩。

换句话说，实验中这些拥有延迟满足能力的孩子拥有更强的抵御诱惑的意志力。那么如何像学霸一样拥有较强的意志力，潜下心来坚持做那些暂时无法带给自己正向反馈的事情呢？

迁移意志力

2006年，两位澳大利亚心理学家梅甘·奥腾（Megan Oaten）和肯·程（Ken Cheng）为了回答“意志力是否能像锻炼肌肉一样被提升”这个问题，做了一项试验：他们招募来了20多个年龄在18岁至50岁的成年人，并给他们安排一个为期8周的健身训练计划，这些试验参与者本来是缺乏锻炼、抽烟喝酒、饮食不良的成年人。试验期间，他们不得不凭借强大的意志力来逼自己去健身房完成锻炼。两个月后，结果发现，这些人不仅得到了身材方面的改变，其他生活方面的坏习惯也得到了改善，比如每个人的日平均吸烟量、酒精摄入量、咖啡因摄入量、垃圾食品摄入量都有所降低。

实验证明，每当人们在生活的某一方面加强了意志力，那这种意志力的加强就会传播到其他生活方面。

01 体力上的意志力

如果你自认为是一个在学习上自控力不强的人，恰好也没有锻炼的习惯，那么可以先从养成锻炼的习惯开始训练。当你将每日慢跑30分钟当作习惯之后，你会对运动时暂时的痛苦与运动后更大的快乐有更深切的体会，而在运动中锻炼出的意志力也能对自己的学习状态起到积极作用。

精神上的意志力 02

手游、爽文、短视频也占据了你的所有闲暇时光吗？“即时满足”是人的本能。能让人快速“爽”的图、文、视频出现后，人会本能地沉浸在“即时满足”里。但具象而煽情的内容更容易让人放弃冷静与理智，碎片化的内容更容易让人产生偏见。人需要有耐心地主动沉下心来，接受刺激性小但有深度的内容。

与其多看具象的短视频，不如多看抽象的文字；与其多看公众号文章，不如多看有思想深度的严肃文学。在看过一部分文学小说后，可以主动多接触理论性强的书籍。在这样的主动选择中，人的意志力无形之中会得到培养，从而更容易被迁移到学习过程之中。这条路虽然走起来艰难，但希望你能主动去走。

提高意志力

01 合理分配时间

《自控力：斯坦福大学最受欢迎的心理学课程》一书中提到，研究人员发现，人们早晨的意志力最强，随后会随着时间的推移逐渐减弱。因此，在学习过程中，可以将最需要意志力的科目放在早晨学习，或放在自习的一开始学习。

比如自己数学不好，就先集中精力攻克数学题，学懂知识点后，即使意志力已不如之前，但之后需要学习的是自己喜欢的科目，不需要那么多的意志力，那么学起来也会相对轻松一些。

反思“放纵”行为 02

在生活中，人们会预测自己对未来发生事件的反应和感受，这被称为“情感预测”（affetive forecasting），它会影响人们做出的重大或微小的决策和行为。然而，这种预期往往是存在“影响偏差”（impact bias）的。人们会高估即将体验到的情感的强度和持续的时间。比如，在你逃避学习玩手机的时候，你真的如期望之中那样快乐吗？

可以尝试如下“放纵”练习。第一步：找到常常干扰你学习的因素，如游戏、手机。当你学不进去想玩手机的时候，先关注自己内心的期望，察觉自己对这一诱惑有什么样的期待。第二步：允许自己接受这一诱惑，并观察自己放纵时所感受到的情绪与心理状态。第三步：比较期望时的感受与放纵时的感受，想想自己期望中的奖励是否得到了满足。

研究表明，进行这项练习的人通常会有两种结果。一些人会发现，当他们真的关注放纵感受时，他们实际上并不需要自己想象中那么多的奖励。比如玩手机获得的快乐值是 10，而其实自己只需要 5 个快乐值就能回到活力状态。另外一些人发现，这种放纵体验完全无法让他们满足。比如自己想象中放纵地玩手机可以带来 20 个快乐值，但真正拿起手机后随之而来的负罪感以及网络世界里的负面信息，会让自己发现其实玩手机也并不快乐。

奖励的快乐和实际体验之间是存在差别的。明白了这一结果，人们会对曾经无法控制的事有更强的自控力。

03 正确面对挫败感

每一次清醒地堕落之后，你会有怎样的情绪？悔恨？懊恼？内疚？陷入深深的自我怀疑？研究人员发现，在个人挫折面前，持自我同情态度的人比持自我批评态度的人更愿意承担责任，更愿意接受别人的反馈和建议，也更可能从这种经历中学到东西。

自我批评的策略会削弱自控力，带来更深的焦虑和压力，让人产生“摆烂”心理：我就这么堕落了，那又如何？美国政治学家詹姆士·Q. 威尔逊（James Q. Wilson）和犯罪学家乔治·L. 凯林（George L. Kelling）曾提出一个“破窗效应”理论：一扇被打破没有及时维修的窗户，会变成某种示范性的标志，给人造成无序的感觉，从而鼓励他人去打破更多的窗户。这样“那又如何”的破罐子破摔心理，如同被打破的第一扇窗一样，打破了人们心中的秩序，让人更难重新振作起来。

因此，与其在挫败之后自我责备，不如自我同情：你只是一个凡人，每个人都会遇到意志力薄弱的时候，每个人都有失去自控的时候。想想如果你的朋友遭遇了同样的挫折，你会如何安慰 TA，就以同样的方式安慰鼓励自己吧。

选择合适的减压方式 04

想想一般在什么样的情况下你会坚持不下去？遇到难题？听不懂课？努力却仍然排名倒数？正是这些情绪低落的情景让一个人焦虑紧张，于是打开抖音 APP、打开游戏，暂时逃避这个不如意的世界。

但你的压力真的缓解了吗？美国心理学家协会的调查发现，最有效的解压方式包括：锻炼或参加体育活动、阅读、听音乐、与家人朋友相处、外出散步、冥想以及培养有创意的爱好。最无效的解压方式则有：购物、抽烟、喝酒、暴饮暴食、玩游戏、上网、花两个小时以上看电视或电影。研究表明，真正能缓解压力的不是释放多巴胺或依赖奖励的承诺，而是增加大脑中改善情绪的化学物质，如血清素、γ-氨基丁酸和让人感觉良好的催产素。这些物质会让大脑不再对压力产生反应，减少身体里的压力荷尔蒙，产生有治愈效果的放松反应。

因此，提前预想自己可能会出现情绪低落与压力大的情况，选择合适的解压方式来应对。这样能让自己更好地调节情绪，劳逸结合，达到一个“可持续学习”的状态。

人不能永远依赖意志力学习。如果一件事情，必须要依靠意志力才能坚持下去，那么需要反思这件事是否并没有处在一个最理想的状态。一件事如果永远需要意志力才能完成，说明这件事并没有让一个人感到快乐。

持续不断的动力来自于学习上获得的源源不断的满足感、掌控感与成就感。锻炼意志力只是一时的，我们应该做的是找到适合自己的学习方法，尽快得到正向反馈，将学习作为一件本就能获得成就感与控制感的事情。

同频共振

@La dé solation

很真实了，这段时间每天做一个导数大题，其实最开始很烦，但是今天连续解出两个导数题之后真的超级满足，那种迫不及待想继续学下去的感觉就出现了，所以还是得把学习当作一种享受，从里面寻找快乐吧。

@就当年少

如果我自己学习的话，大部分时间是快乐的，但是如果是老师布置的作业，就不是很愿意做。作为同学眼里的学霸，我很多时候在逼自己看书，这样很容易让人崩溃。今年寒假，暂时没有了学校排名的压力，自己一下午做了几道数学压轴题，自己钻研出来的感觉真的令人快乐。还有物理，我十分享受钻研题目的过程，上物理课也感觉过得非常快。终于感受到了学习的乐趣。

@Journey

有的时候只要开始了就会感受到行动的快感，无论是玩还是学习，先从简单的、轻松的题目开始，等你进入了专注的状态，就可以非常愉悦地去做很久。我就特别喜欢用一下午的时间做数学作业，过程非常愉悦，结果也令人非常有成就感，或许即时满足也可以被我们所运用。

偷偷塞给你的小纸条

愿你可以像学霸一样享受学习。

停止拖延，立刻学习

三招打败拖延症

关键词　制订计划　待办清单　时间管理

第一招　结构化拖延法

01 拖延症患者有哪些表现？

拖延，顾名思义，就是把必须要做的事情往后拖。但这里所说的拖延不等于两手一摊，什么都不做。恰恰相反，“拖延症”极少什么都不做，他们一定会做些略微有用的事，比如剪剪指甲啦，做做手账啦，逛逛文具店和书店，买点好看的本子做计划本啦之类的作为替代。

那么，为什么拖延症患者们愿意做这些呢？那是因为做了这些就可以不去做那些更重要的事了。

如果他们的待办事项里只剩下“削铅笔”这一件，那么天底下就没有任何力量能够促使他们拿起削笔刀。1930 年，美国作家罗伯特·本奇利（Robert Benchley）在为《芝加哥论坛报》撰写的一篇题为《成事要诀》的专栏文章中就指出：“只要某件工作不是某人当时本该做的事，不管工作量多大，他都能够完成。”

02 什么是结构化拖延法？

结构化拖延法，实际上是一门关于如何利用好拖延症患者“把必须要做的事情往后拖”的这一消极特征从而克服拖延的艺术。

操作指南如下：

第一步　列优先级清单

把必须完成的事按重要性列清单。最紧急、最重要的事排在最前头，其他值得一做的事位列其后。比如说，我想去找老师聊聊最近的学习情况，想整理一份数学期末复习的思维导图，还想完成一份英语练习。我的优先级清单应该是：1. 数学思维导图；2. 英语练习；3. 找老师聊聊。

第二步　完成清单上的任务

如果拖延症发作，那么为了避免做那个最重要的任务，人们会倾向于完成靠后的任务。比如：我并不想做数学，但好像也不能什么都不干。干脆去找老师聊聊好了，因为它看起来好像不紧迫也很有趣。聊完之后还可以做做英语练习，反正比数学有意思多了。

也许有人会问，那优先级清单岂不是白列了？确实有这种可能！

所以，设置优先级清单的关键在于，要为优先级最高的位置选对任务。最理想的备选任务有两个特点：第一，它看似有明确的截止日期；第二，它看似重要的不得了。

实际上，你知道最终会有更重要更急迫的任务出现。到了那时，此时的最重要任务会变成次重要任务，于是你会在新的拖延心理中，开始做原本排在最靠前的那件事。继续上文的例子，我们要做的事情总是在动态变化的，思维导图实际上也没有重要到无可匹敌的地步。从现在到期末考试这段时间里，总有其他更重要的事情会冒出来的，到那时候，我们就会动手去做思维导图了。

第二招　任务验伤选择

完美主义情结和拖延症通常是成对出现的。

比如当你收到一份习题时开始幻想：自己要多么字迹工整地书写；用红笔认真批正；整理出好看的错题集，一鸣惊人……做到完美可不容易，需要时间和充足的准备。显然，为了做好这份练习，得把它对应的知识点细细学上一遍，这得花上几个小时。你可能还希望参考一下别人是怎么总结错题的。一想到如此巨大的任务量，自己先退缩了。即使马马虎虎做完了前期的准备，然后呢？你就干别的去了。这份习题极有可能就此“吃灰”。

这时的你，需要做任务“验伤”选择。能做到完美当然很好，但在“拖延不做”与“做到蛮好”之间，选择后者的效果更好。

第一步　控制自己那些关于完美的幻想

对于大多数任务来说，最好的办法就是在着手做的时候心里要有数：做到“蛮好”就可以了，犯不着苛求完美。

第二步　养成习惯

接下一件任务时就逼着自己分析一下，看看“不那么完美”的代价有多大，好处又有多少。在这件事上，我真正做到完美无瑕的可能性有多大？结果完美与否对我来说有多大区别？对别人呢？

第三招　当日待办清单

也许你会认为当日待办清单的目的就是提醒你要做哪些事情。它的确有这个功能，可这并不是最主要的用途。当日待办事项清单的主要功能是让爱拖沓的家伙们每做完一件事就可以把它划掉！在某条待办事项旁边打个“√”，或者干脆大笔一挥划掉，会让我们觉得自己是个行动派，而不是个懒骨头，心里更轻松。

如何列当日待办清单？

①将大任务拆分成小任务，提高成就感。例如，对于起床困难人士来说，可以将起床拆分成几件小事：

关掉闹钟	别按“十分钟后提醒”按钮	起床
去浴室洗漱	别回来躺下	吃早饭

也就是说，等坐到餐桌前准备吃饭时，已经完成了五件事。新的一天在飞一般的速度中开始。

②列预防性清单，把可能会令自己分心的事情写下来，提醒自己别做。如果一天从早晨就开始拐上岔路会是什么情景？

搜搜娱乐明星八卦？	看看新上的剧？	逛逛微博超话？

一旦上网，可能就很难就此罢手。所以，把“不要上网搜明星八卦”先记在清单上，提醒自己别做。

③提前一晚或一段时间写好待办清单。

睡觉前，可以想象一下起床之后做完一大堆事儿的情景。千万别等到闹钟响了之后再琢磨今天想干什么，否则，你的清单上很可能就会加上一项“翻个身，继续睡”。

其实，拖拉的人并非不能高效工作，毕竟没有人永远勤奋、毫不拖拉，所以当自己开始拖拉时，不必自责。

重要的是，我们要承认和接纳自己性格中拥有的消极面，并想办法利用消极的特征来推动积极的发展。

同频共振

@忠与 & 国礼

不做语言上的巨人，要做行动上的巨人。

@南絮

我并不会压着“死线”哭着把事情做完，因为拖延症晚期这么多年我早练就了精准把控时间的本领，我会在眼看来不及的时候开始计算完成剩下的任务所需的时间，时间计算完后，我还可以再多拖延几分钟。会不会有时间不够用的事情发生呢？不会，因为我的时间精准地卡在了计算完时间还可以再拖一会儿的点。我确实是因为完美主义而不断拖延，不过到了最后，这些“完美主义”就会被我卡死在时间限制里，无暇考虑；但这不代表我完成的任务就是草率的，我留给它的时间足以将它做到优秀。至于列清单，我确实屡次尝试，但事实上，因为拖延，我甚至不会在写完后看它第二眼，到最后，我会用新列的时间表卡点完成。至于会不会在列完计划后继续拖延，偶尔会，但这一般代表着即使现在不开始着手最后也能完成，所以大脑会暗示我可以继续拖延，直到无法再拖。所以只要规定好的事项和截止时间，我就一定能完成。这也算是拖延了这么多年，最终和拖延症和平相处了吧。

@橘

很喜欢我们语文老师的一句话：完成比完美更重要。

偷偷塞给你的小纸条

当行动起来的时候，拖延症其实也没那么可怕。

每个 MBTI 人格都有更适合自己的学习方法

没有最好的学习方法，只有最合适的学习方法

关键词 MBTI 学习潜力 天赋与性格

什么是合适的学习方法？就是与自己的天赋、性格、能力相匹配，能让自己比别人效率更高、效果更好的方法。

所以，以 MBTI 为例，16 种人格按照各自的天赋、性格与能力都有与各自匹配度更高的学习方法。

e 人学习方法与 i 人学习方法

e 人：分享知识点

（小组讨论中）“我先来帮大家顺一下 × × 的整体逻辑……我对 × × 的理解是……”

（遇到好友）“我最近看了一本书，好喜欢！给你讲我最喜欢的一段情节……是不是很感动！你怎么理解，我们聊一聊！”

i 人：深度学习

收拾好今天要学的科目资料，带好文具和水杯，还有确保舒适度的坐垫和 U 型枕。

好的，八点图书馆开门我就过去，今天可以住在图书馆了。

在 MBTI 中，e 表示性格外向，e 人更能在人际交往中获得能量。天生爱分享的 e 人更适合费曼学习法、小组讨论法等这种与人际交往相结合的学习方法。讲述的前提是完成了对知识的自主思考，而讲述之后也能加深对知识的印象与理解。“用自己的话将学到的知识讲出来”的费曼学习法以及在讨论过程中能辩明观点、加深理解的小组讨论法，都在人际交往的过程中帮助 e 人再次思考、内化知识点，不知不觉中强化了学习效果。

在 MBTI 中，i 表示性格内向，i 人更能在独处中获得能量。容易专注的 i 人更适合在图书馆、自习室这样安静、无社交压力的空间内，在心流的状态下深度学习。图书馆、自习室给予了 i 人保持专注的安静场所，尤其当周围都是独处学习的人，

更能鼓励 i 人耐住寂寞、坚定地投入学习状态。无须社交的友好环境还能带给 i 人支配时间和精力的自由。不需要因为他人打扰暂停学习，不需要因为他人请求改变学习内容，也不需要在吃饭时被迫参与八卦讨论消耗能量，得以将时间与能量用在真正重要的事情上。

s 人学习方法与 n 人学习方法

s 人：看实物

“这道题还是画个图吧，空想想不出来。”

“数形结合，一目了然。”

“我想自己动手做个实验。”

n 人：想意义

“所以高中政治具体需要学习哪几个板块的知识？展开逻辑分别是什么？”

“某某历史时期，政治、经济、文化是怎样互相影响的？”

“我想明白它的意义是什么？”

在 MBTI 中，s 指实感，s 人关注外部世界的细节和具体事实。做实验、画图、举例等理论与实践相结合的方法更适合 s 人的学习。能做实验就绝不看视频，能看视频就绝不干讲知识点。“可见”“可触”“可闻”“可听”的具体实践能帮助 s 人在直观的感受下加深印象，打开思路。

在 MBTI 中，n 指直觉，n 人倾向于把握事物的整体和内在联系。列提纲、抓整体、重逻辑的提纲挈领式学习方法更适合 n 人。追根究底地问出某一结论的前因后果，了解清楚知识点在知识框架中的定位，能够让 n 人在明了目的、意义后产生更大的求知动力，也能在明白知识之间的关联后举一反三。

f 人学习方法与 t 人学习方法

f 人：找到志同道合的学习搭子

“你以后想好好做学术？我也是！想读学硕，有机会读博！”

“你也有新闻理想是吗？我也是！想要事实真相，想要公理正义。”

t 人：合理规划，自我奖励

“学计算机是大势所趋，付出相同的学习精力，毕业后能拿到更高的工资。”

“如果这次期末能进步十名，我就奖励自己一个想要的礼物！”

在 MBTI 中，f 对应情感，f 人处理信息时更注重价值观和情感体验。因此，更能激发 f 人学习动力的是找到志同道合的伙伴。f 人总是更加理想主义的那一个。而英雄，往往孤独。价值观一致的学习搭子会让理想又孤独的 f 人得到莫大的情感支持，那么即使自己的坚持是不计成本的一腔孤勇，此刻也能够在灵魂的同频共振下继续怀抱热情。

在 MBTI 中，t 对应思考，t 人处理信息时更注重逻辑和客观事实。因此，对于 t 人而言，更能激发学习动力的，是确定自己的努力能够收到应有的回报。树立合理而明确的目标，拆分长期目标为短期目标，为目标设置自我奖励，让自己尽快得到正向反馈。在一次又一次即时的奖励反馈中，t 人会更有动力坚持学习这件需要耐得住寂寞的事。

j 人学习方法与 p 人学习方法

j 人：买手账、做规划

“我买好了三个手账本、一个日程本，一个监督习惯，一个记录心情。”

“入了子弹笔记的坑，接下来的几年我要好好规划，好好改变。”

p 人：意外学习法

“主打边刷小红书 APP 边记单词。”

“无法接受一个晚上只钻研一个科目，我得多换换脑子。”

在 MBTI 中，j 对应的是规划。对 j 人而言，事情的不可控比事情困难更可怕。因此，j 人更需要手账本、错题本这类辅助工具，将学习安排进条条框框的严谨规划里。明确的规划能帮助 j 人拆解大的目标，也能让 j 人清晰地看到当前的任务，从而增加自己对当下以及未来的控制感。

在 MBTI 中，p 对应的是随性。对 p 人而言，将生活安排进条条框框中比生活中突如其来的变化更让人窒息。所以，更有新鲜感的学习方法、让知识一不留神溜进脑子，更能激发 p 人的学习欲望。比如每学 45 分钟更换一个科目，比如利用碎片时间记下生物的琐碎知识点，再比如刷小红书 APP 时撞上了大数据及时推送新鲜单词。

偷偷塞给你的小纸条

MBTI 目前并未得到心理学的广泛认可，每个人也并非一定要用二分法将人物形象立体丰富的自己框进某种性格类型，再刻意地生搬硬套学习方法。

希望每个人都能在更清晰的自我认知基础上，根据个性特点找到适配度更高的学习方法。扬长避短，让学习成为一件轻松的事情。

真正干扰学习的不是不努力，而是坏情绪

如何跳出破罐子破摔的怪圈？

关键词 负向反馈 峰终定律 马拉松心态

正在减脂期的我早起称体重发现又涨秤了，于是意志力瞬间被寒风席卷而去，毫不犹豫地选择煮一锅鸡公煲大吃一顿。反正那么努力都没用，还不如犒劳一下自己。吃完饭，暴食后破罐子破摔的我又随手摸出了几包零食，大嚼特嚼。

很多学生学习时也可能遇到相似的场景：辛辛苦苦学了一个礼拜，考试却又退步了，干脆破罐子破摔看网文、玩手游。恶性循环产生，成绩越发下降。

为什么人们总是容易陷入破罐子破摔的怪圈？有没有办法跳出这一恶性循环？

为什么破罐子破摔如此可怕？

其实，破罐子破摔时的心理学效应很好解释——负向反馈。

当人们在一件事上总能获得正向反馈时，就会在成就感的支撑下主动承担任务，甚至越做越好。反之，投入了巨大精力却收不到正向的结果，就可能因为挫败感而不愿意继续投入精力。“挫败感”，是破罐子破摔的关键点。

也许这次没考好的结果只是调座位时丧失了优先选择权，或是未来需要多花时间和精力重新攻克这部分知识点，这些负面结果还不至于造成重击。但“我怎么这么差劲”“原来这么努力也没用”的心态，反而会造成“致命伤”。美国心理学家阿尔伯特·埃利斯（Albert Ellis）提出过情绪 ABC 理论，认为人的消极情绪并不是由某一件事本身所导致，而是来自于人对这件事的认知。就像野马效应中提到的野马不会因吸血蝙蝠的叮咬失血而死，却会死于被叮咬后自己的暴躁与狂奔，很多时候，事情压不垮我们，反而是情绪压垮了我们。

既然在学习中有挫败感是常常可能发生的，没有人能够保证事事有回报，那么，当罐子已经破了，怎样做才能减少不良后果，避免进入恶性循环？

如何避免破罐子破摔？

01 避免“破罐时刻”

既然拿到“破罐子”后容易“破摔”，那就减少“破罐子时刻”对自己的感官冲击和情绪干扰。如果已经坚定了愈败愈战的信念，那么：考试失利，不要再挤到名次表前感受“自己在第二页、同桌在第一页”的视觉冲击；暴饮暴食，不要再站到体重秤上感受“五天鸡蛋黄瓜比不上一天吃鸡全家”的数字飙升。虽然从理性来看，事情的结果不会因为不感受就发生改变，但对事件的体验会影响人的记忆，进而影响下一步的行动。

心理学中的峰终定律认为，人在一段体验的高峰与结束时的感觉决定了对体验的感受。如果每次提到学习，最强的感受总是成绩不好时老师的漠视、家长的训斥、同学的冷眼等负面信息，关于学习的记忆便全部指向消极，那么再强大的内心也很难快速消化，重整旗鼓。而规避掉可有可无的负面体验，减少本可以扭转的负面记忆，让学习成为一件想到后不那么难受的事情，可以让自己尽量保持愉悦的心情进入学习状态。

“只做 10%同样值得鼓励” 02

有时，自认为拿到了“破罐子”，是否只是因为自己过于完美主义？举目望去，世间唯有一只完美无瑕的“罐子”，其余的瓶瓶罐罐全是“破罐子”。

自我要求高听来是好事，但研究人员发现，在个人挫折面前，持自我同情态度的人比持自我批评态度的人更愿意接受别人的反馈和建议，更可能从这种经历中学到东西。因为自我同情比自我批评的态度更有利于保持意志力，减少焦虑和压力，很快重新振作。因此，与其自我责备，不如适当调整衡量标准，自我同情：“你只是一个普通人，自然有失去自控能力的时候。”“虽然这次十道选择题只对了四道，但已经比之前只对两道选择题时的正确率提高了一倍。”

03 远离“有毒”的人际关系

也许，“破罐子”的评价不是来自自己，而是来自他人。“好吃好喝供着你，你就考这样的成绩回来?”TA 可能是急躁焦虑的父母。“你这个脑子学不好数学的，你还是早点转去文科班吧。”TA 也可能是说话没轻没重的同学。明明自己已经用尽了全部力气，将一个原本支离破碎的“罐子”堪堪复原，身边却总有一个人从不认可你的付出，一句话就将你的所有成果全部抹杀，甚至还要补上一刀，将那个好不容易拼凑如初的“罐子”重新摔碎在地。

他人的负面评价能够让自己及时醒悟，在激励下奋发向上。但如果一段人际关系永远只能带来负面反馈，只会让自己陷入无法承受的负面情绪中，那么这很有可能是一段有毒的人际关系。而有毒的人际关系，是可以远离的。应对外部评价最好的方法是让“尺度”回到自己身上。

流水不争先，争的是滔滔不绝 04

即使一道题目没有解对、一场考试没有考好，那又如何?短暂的失败能对漫长的人生产生怎样重大的影响?“流水不争先，争的是滔滔不绝。”我们应该用马拉松心态面对人生。

如果人生是一场马拉松，那么起跑时的快慢、第一个弯道有没有逆袭超车就显得没有那么重要。而越过眼前的“破罐子”，可以看到比一城一池的得失更重要的，是后续有没有源源不断的力量支撑自己，以领先的姿态抵达终点。

05 可以有“破罐子”，但不要“破摔”

退一万步，其实一个人可以承认自己的确拿到了“破罐子”。但是，要有一种接纳的姿态。先接受，才有改变的可能。“好的，我的确在数学的抽象思维方面不够擅长。努力学了两个礼拜还是考不好。那之后就要换更好的学习方法，花更多的时间。”“好的，我的确有考场阴影。有的题目明明会做，但是紧张导致大脑一片空白。以后，我要调整方法，在考场上先把会做的题目做好，把拿高分的目标改成不丢基础分。”

接受自己的“破罐子”，是一种承认自己过去某些观念、行为存在问题，愿意改正错误的勇气。千万不要堵住了耳朵，还自欺欺人地相信自己可以盗取银铃。

负向反馈自然有存在的必要。它是一种危险的信号，能提醒一个人走入了岔路。只是，不要因为一时的挫败过度否定自己，让自己在内耗的泥泞中越发抬不起步子向前迈进。

避免破罐子破摔并不意味着逃避一切负向反馈，固执己见地一意孤行，而是始终建立在自己仍然愿意向好向上的信念之上。

同频共振

@杨子瑜

学习为什么总是只有一开始有劲头，后面越来越有挫败感，而且越来越自卑？努力使不上劲，只能慢慢放弃，一边放弃一边强撑。现在我懂了，虽然短期做不到大变化，但是真的可以一下子明悟。

@Vhyrphea

宿舍 1 VS 5，抛弃坏情绪，我直接做自己，每天逛图书馆学习真的很有成就感，很酷。

@清风徐来

加油！处变不惊，尽力而为，失之泰然，高考可能是好大学的入场券，却不是人生道路上的通行证。坚信生活有一万种可能，未来可期，来日方长，你不应被局限在几张考卷上无法自拔。勇敢地做自己认为对的事情，像荷花一样出淤泥而不染，做自己的英雄，终将遇见自己的彩虹。

偷偷塞给你的小纸条

每一股愈挫愈勇，始终向好向上的生命力都永远值得尊敬。

明知道该学习，可我还是忍不住打游戏

如何玩游戏才能不被游戏玩？

关键词　即时满足　惰性抗争　游戏依赖

不知道你有没有这样的经历：明明说好打一把排位赛就去学习，却还是不自觉地开了一把又一把；在学校决定了今天回家不碰游戏，回家看到手机就想着把游戏中的日常任务清掉，反正花不了多少时间；同学玩游戏组队缺人，一个 QQ 消息，上号！

这个游戏瘾怎么就是戒不掉啊！

游戏为什么那么好玩？

01 游戏，顺人性；学习，反人性

长跑是反人性的，我们为什么要把自己弄得那么累呢？看书是反人性的，我们为什么要去理解那么深奥的道理呢？学习，也是反人性的，我们为什么要花掉人生黄金阶段里那么多的时间去学一些以后不一定用得到的知识呢？

人类的本质，是趋利避害而又急功近利的。你正在为高考奋战，如果说某些内容高考不考，你还会学吗？你正在交朋友，如果有人说得多、听得少，对你批评得多、鼓励得少，你还会选择和对方交朋友吗？大概率不会。我们都想自己能够活得开心一点，舒服一点。

而游戏正是完全顺着人性迎合我们的产物，只要些许投入，就能很快获得正向反馈。在动作类游戏里，我们就算是新手操作、水平不佳，也能冲锋陷阵，击毙几个人；在养成类游戏里，只要我们消耗了时间，游戏角色的背包一定会满满当当；在卡牌类游戏里，只要抽卡次数够多，总有自己成为“欧皇”的时刻。也许你会质疑，并非所有游戏都可以轻松通关，游戏的获胜门槛并没有所说的那么低。但其实，

游戏中的正向反馈并不仅仅来自于推塔后的那一声“Victory”，还来自于游戏厂商精心设计的方方面面的细节，只是也许玩家自己都没有发现。

目前很多火热的网游，只需要用户投入时间或金钱（也就是玩家常说的“肝”与“氪金”），就可以得到战斗力提升的快感。不少卡牌类游戏中，运气成了决定战斗力强弱以及游戏成败的关键因素。只要开局足够“欧皇”，即使技术不高，一众“五星角色”也能够帮助玩家睥睨四方。象棋、围棋等传统竞技游戏获胜的根本是玩家的技术。而现在的大部分网络游戏的获胜可能来自时间，也可能来自运气，但这些都与游戏技术无关。同时，即使没有获胜，你一样可能得到快感。

游戏中的排行榜系统会将玩家放在一起比较。你或许不是其中最厉害的，但你一定觉得自己不是当中最差的。如此一来，征服他人、提高自己在榜单上的排名的成就感便在心中产生了。

而学习呢？我们很可能刷了几百道题，也还是没完全搞清楚一个知识点；我们很可能背诵了很多遍课文，可一觉睡醒就是想不起来；我们很可能既熬夜又早起连续奋战了很多天，可考试发挥失常照样名次退步；学习确实会令我们有所收获，但往往对于延迟满足的能力具有很高的要求，需要几个月甚至更长时间的厚积薄发。

由此不难看出，相比于游戏，学习的确不太容易在短时间内看到效果。而人们本能地渴望即时满足，一旦付出，就想要立刻有所收获，晚一点收获都不乐意。因此，如果在学习和游戏两者之间做选择，人性会促使我们选择更容易获得满足的方式——游戏。

游戏，是一种社交方式 02

你是否每天都在使用QQ、微信等社交软件？这个软件本身特别有趣吗？不是的，微信、QQ都只是一个社交工具，真正有趣的是社交平台上的你的小伙伴们。

人是社会性动物。我们需要与他人沟通相处，不愿意格格不入，不愿意被孤独吞没。而在此基础上衍生的网络游戏正是社交的方式之一。一旦游戏被附加了一层社交属性，玩游戏的驱动力就不再单纯是为了取得游戏中能够快速取得的满足感，而是出于与朋友维系社交关系的需要。

或许有一天你想起了等着你的空白习题册突然不想再玩下去，但碍于情面，你叹了口气重新打开了游戏软件。而你不知道的是，某天当你正在游戏中大杀特杀的时候，你的玩伴也有过这样的退缩。

如何玩游戏才能不被游戏玩？

屈从于人性并不可耻，玩游戏本身也并不是错误的事情。适当地玩游戏放松并非一无是处，学霸偶尔也会打两把星际游戏。只是一旦沉迷游戏，则可能对中学生的学习生活造成很大的负面影响。

游戏确实是一种社交方式，因为游戏结缘最终成为生活中挚友的也并不少见。但共同打游戏不应该是你求学期间的最佳社交方式。毕竟，真心朋友不会因为你不陪他玩游戏而冷落你，你也一定不希望占用朋友原本可以用来学习的时间。

怎样才能避免对游戏产生依赖性？怎么才能玩游戏不被游戏玩？你或许也听过很多劝告，譬如自律、禁用手机等。如果这样强制性的措施可以帮到你，自然很好。但除此之外，还有一些灵活的方法。

01 寻找其他成就感

虽然很多人无法像学霸一样持续不断地获得来自学习的全方位成就感：那种学会某一知识的豁然开朗；那种解出某道题目的爽感；那种被请教题目的同学围绕，受到老师表扬、家长赞誉的满足感……这些都在一定程度上激励着学霸们保持这种“学霸”状态。

即使结果无法保证，但“他很努力”“他很认真”之类过程中的良好表现是人人可以做到的。即使无法保证全科优秀，但“他化学学得不错”这样至少有一门课较为擅长的情况是人人可以争取的。

不妨从一个小知识点的认真学习入手，从自己比较擅长的一门课程入手，慢慢积累成就感。等到这些成就感代替了游戏中的成就感时，也许你就不再沉迷游戏了。

可以玩游戏，不要加好友 02

你可以在心情低落的时候、孤单难受的时候玩上两把游戏放松心情，但请不要邀请好友，而是独自点击匹配，独自摸索如何把游戏玩得更好。不要发展游戏好友并不是一种戒游戏瘾立竿见影的办法，但可以相对减少花费在游戏上的时间，包括游戏时长，以及玩前玩后的讨论。

同时，当某一天你突然厌倦了这款游戏时，关于游戏的牵挂也就相对更少，也能帮助你快速抽身。不将交朋友与玩游戏强行绑定，也许你会收获更真诚、更牢固的友谊。而你们彼此也拥有了更多时间，在游戏和学习中做出正确的选择。

人都有惰性。但总会有人选择抗争的一生，选择投入不知何时才能得到回报的学习中，或沉入不知什么时候才能彻悟的阅读中，磨炼心灵，得到真正的成长。

就像那只坐井观天的青蛙，在没有走出那口井之前，它或许也过得很安逸自在，但只有跳出井口，它才能见到真正广阔的蓝天与大海。

一些能够带来短暂快感的事物，比如游戏，可以陪伴你度过在井里的时光，但只有学习、阅读、冥思、修行等短期内辛苦看不到回报的事情，只有那些与惰性抗争的过程，可以帮你跳出井口，走入新天地。

同频共振

@星期9

戒掉游戏成瘾就是克服本我、追求超我的过程。

@非布司他

舒舒服服的生活方式也没什么不好的，忙忙碌碌半辈子还一地鸡毛才是最可悲的，每个人都有自己的生命时区。

偷偷塞给你的小纸条

今日所有的混乱与杂芜、努力与精进，都将在进步中变得更加清晰。

考进年级前十之后，我更焦虑了

好学生怎样才能不那么烦恼？

关键词 负罪感 强迫性自律 优越感 成绩捆绑

你感受过学霸之间白热化的竞争吗？身为学霸的你，快乐多还是烦恼多呢？如何排解因为学习好而带来的烦恼？

学霸烦恼实录

01 摇摇晃晃地保住了第一名

虽然这次考好了，但我会担心下次没考好；要是下次被他们超过了，我要怎么办呀？要是下次主科没考好，我会不会从前几名上掉下去呢？

@柠一

好学生时常承受老师们更高的期望值，在学校的升学荣誉中承担着更重要的角色。而相比于成绩不那么好的学生，学霸们的答卷容错率更低，需要在出题人变幻莫测的招数中发掘题目本质，交出完美的答卷，拿下数学压轴题、英语完形填空全对、语文作文必须 50 + 等。

面对外界的完美主义期待，有的学霸会将其内化成对自己的完美主义要求，小心翼翼地守护“王座”的位置。维持荣耀，也是辛苦的。看似理所当然的优异成绩背后，往往是付出了更加辛勤的汗水。

“我需要未雨绸缪，我需要一刻不停” 02

对于一部分学霸，他们可能会怀着强烈的渴望，用发奋学习证明自己。“暑假不自律，我会被赶超的。”“爸妈拉我出去聚餐，暑假计划又被打乱了。”“停下来的时候我总会有负罪感。”一部分成绩优异的学生会制订严苛的计划、满负荷的时间表，发展出强迫性自律（compulsive self-discipline），在休息时会有更高的负罪感。

德国作家赫尔曼·黑塞（Hermann Hesse）的小说《在轮下》（*Unterm Rad*）中有这样一句话：“别松懈，不然你会掉到车轮下去。”“车轮”象征着鞭策人不断前进、迫使人保持成绩优异的残酷现实。主人公汉斯攀附在车轮上，汲汲于考试功名，难以抵御自己急于求成的欲望，这同时也是一种急躁的上进心。

03 “他们总说，成绩好都是书呆子”

老夫素日常听人说：读书人每每读到后来入了魔境，要变成“书呆子”。

——《镜花缘》

好学生可能会面临被当成“书呆子”的刻板印象。这里的“书呆子”，是指沉溺于学业而忽视人际交往、兴趣爱好的状态。周围的人可能认为，成绩好的他们会追求让分数效益最大化，对周遭的一切漠不关心，不追剧、不看番，也不打游戏。

对于学霸而言，成绩有时是太大的光环，让周围的人忽略了他们的兴趣爱好、人际交往特点与性格特征，似乎想起他们的时候只剩下“好学生”的标签。“原来你也会看综艺吗?”“我成绩好，又不是只会学习。”

“我不想当别人家的孩子” 04

老师眼中的赞许对象，爸妈心中的骄傲，亲戚时常提起的“别人家的哥哥姐姐”。好学生们时常会听到许多褒奖。但夸奖同时是积极的条件价值（conditional value）：因为足够优秀，所以显得更加可爱。只有优秀，我们才能被爱。

这样的条件价值可能让一部分学霸不安。一方面，夸奖背后的期待让人诚惶诚恐；另一方面，当朋友因为被比下去而难过或嫉妒时，好学生可能会内疚。“我没有什么优越感，他们总是提起成绩，我也很心累。”

作为好学生，怎样才能不那么烦恼？

当谈及学霸的烦恼时，我们首先需要澄清烦恼的不同类别：有的烦恼来自于过高的自我要求，如过度努力或强迫性自律，这需要我们改变；而另一些烦恼来自于他人标签，我们很难改变他人的认知，却需要觉察和调整这些认知对自身的制约。

01 不是成功时刻也能有积极体验

德国哲学家伊曼努尔·康德（Immanuel Kant）曾说：“人是目的，而非手段。”作为学霸，不需要执拗于取得好成绩的“高光时刻”，仅仅从优秀和成功中获取积极的人生体验。正如电影《心灵奇旅》传递的观念：建构人生“火花”的，不只有成功的荣耀或勋章，还有感官每时每刻汲取的人间烟火。

生活中的大部分时间都是简单、重复和朴实无华的，这无关成败，也无关是非。但吃喝玩乐的低级趣味未必没有意义，即使是学霸，也不需要执着于努力或自律，把所有积极体验都建立在成功那一刻。

02 建立自己的评价体系

研究发现，对社会价值的遵从会增加个体的成就动机，他们在更容易成功的同时，也更多地感到失落。在单一的价值体系中，优秀、自律和成功往往被倡导，因为这可以使社会运行的效率最大化。但对于个体而言，把人生当作择优录取的游戏会让人身心俱疲。

北京大学心理学专家曾研究发现，在北大的一年级学生中，有一些学生厌恶学习，认为学习没有意义；还有更高比例的学生认为人生没有意义，只是按照别人的逻辑活下去而已。他认为，造成这种现象的原因之一就是极其单一的评价体系。

毕竟，人生不是扁平的。成绩，仅是追求理想目标的手段，不是美好生活本身。在成绩好之外，我们还有很多面，无论哪一面，都是可爱而真实的。

03 平凡，也没有那么可怕

很多时候，我们对于优异成绩的执拗来自于“成就 = 人生幸福”的底层假设。但成就并不能决定幸福。

哈佛大学曾在 1938 年启动了一项持续 78 年之久的“格兰特幸福公式”研究，对 268 名哈佛大学的学生和 456 位贫困家庭的年轻人进行终身的记录追踪。该研究发现，无论你是光芒万丈，还是碌碌无为，影响幸福感的关键因素并非是成就，而是人际关系的质量。

因而，当关注到全国每年 985 大学和 211 大学的录取率不高时，我们并不能说没考上这些大学的高考生会更不幸福。即使留在小镇，只要在体验人与人的联结感，在享受爱与被爱的平凡与琐碎，你也仍然能够体验幸福。

小说《绿山墙的安妮》中有这样一段话：“你想做一只海鸥吗？……在晨光中醒来，一整天都在这可爱的蓝色中冲向水面再振翅高飞，夜晚便倦鸟归巢，你不觉得这很棒吗？哦，我完全能想象出自己做这些事情的样子。”

好学生时常背负良多。当我们不想因为成绩患得患失时，需要问问自己：“成绩对我来说意味着什么？成绩好就真的能带来快乐吗？为什么要成为一个优秀的人？在优秀之外我的人生有什么意义？”这些问题真的很难回答，我们的想法会在一生中不断变化。但有一点是确定的：“只有优秀才值得被认可和喜欢”这一定不会是答案。

同频共振

@零

有时候他们也不知道自己为什么能考好，会觉得自己是骗子。而且在一些地区，学习一直特别好的、备受关注的人，一旦成绩掉下来真的是会收到一些来自习惯嘲笑他人的人的恶意，还有老师的质疑。他们也不知道为什么就成了这样。

@潮落交错 &Fei

高三时突然成绩排名上升，屡屡被各科老师表扬，我就开始恐惧下次没考好会不会很尴尬，别人会不会觉得我只是运气好。但说实话，信心的建构不应该来源于排名，而我的心虚来源于我真的是运气好而已，所以觉得保不住排名。虽然这促使我每次考前拼命复习，但是过度的焦虑只会让我的成绩更不稳定。成绩不是全部，人间烟火才是填充生命的全部。好好学习，好好生活！

@・ェ・

专注于自己的节奏，然后相信时间。

偷偷塞给你的小纸条

保持对生活的好奇与热情，你总会找到属于自己的答案。

激发潜能，偏科自救指南

你也有弱科“厌恶”情绪吗？

关键词 舒适区 潜力开发 自我效能感

根据《当代教育论坛（教师版）》期刊 2008 年第 11 期中的文章《中学生偏科现象调查及研究》，报告指出被调查的学生当中有48.59% 的学生存在偏科现象，有 61.36% 的老师认为很多中学生存在偏科现象。

你也偏科吗？哪一门课你学得最不好？偏科给你造成困扰了吗？ 如果偏科不会对你的未来造成负面影响，比如高考满分 750 分，你除了数学之外其他科目都能考满分，拿到 600 分，数学就算只考 10 分你也对总分很满意，反正以后也不打算从事数学领域的研究，那么可以听之任之。否则，最好重视起自己的偏科问题。

优势科目已经考了 130 分，再提 10 分很困难，但对于只有 30 分的弱势科目而言，提分空间还有很大。偏科往往来自对某一门学科的厌恶情绪。那么，你是否曾经正视过这一情绪，识别情绪传达的信息并找到原因？

我们为什么会偏科？

01 讨厌任课老师

调查研究显示，偏科的学生中相当一部分是因为对任课老师反感而产生的偏科现象。而大部分学生认为自己对一门科目是否有兴趣与该科目教师的教学方法有关。

恨屋及乌地从讨厌一个老师到讨厌一门学科属于迁怒心理。人们在心理或行为上遭受挫折时，由于没有足够的能力反击使自己受挫的人，或者因挫折来源不清而无明确攻击对象时，会在局外人身上发泄愤怒情绪。只是，这里的局外人被替换为了某一科目。

努力后未能得到应有的正向反馈 02

为什么很多学霸在学习上有持续不断的动力？因为学霸在学习上能够获得满足感、掌控感与成就感。很多学生某一门科目学得差，对某一门科目没有热情，正是因为他们付出了很多努力却很难在这一学科中获得成就感。挫败感有可能来自天赋的确不足。

人们在各个学科上的天赋是不同的。1983 年，哈佛大学心理学家霍华德 · 加德纳（Howard Gardner）提出了多元智能理论（theory of multiple intelligences）。该理论认为智能是多元的，每个人身上至少存在八项智能，即语言智能、数理逻辑智能、视觉空间智能、音乐韵律智能、身体运动智能、人际沟通智能、自我认识智能、自然观察智能。有的学生也许天生数理逻辑智能强，语言智能弱，有的学生也许正好相反。天赋差一些的学生付出相同的努力的确很难得到应有的成就感回报。

03 兴趣缺乏

学科知识本身的原初吸引力不足。即使人们天赋相差无几，但有的人本能地对宇宙、天文、物理好奇，而有的人一旦不用考试，再也不会对物理知识、物理实验产生任何好奇心。再或者即使人们都有语言天赋，但有的人本能地爱听英式英语发音，好奇英美文化的一切，而有的人却总会产生对异域文化的陌生感与疏离感。

激发潜能，勇敢走出舒适区

01 什么才是舒适区？

在谈及怎么开发大脑潜能的时候，我们常常听到“走出舒适区”的建议，告诉我们要去尝试新事物、新领域，但你有没有认真思考过：**什么才是舒适区？一定要走出舒适区吗？**

很多时候，“走出舒适区”会被等价于“走入痛苦区”，在自己不熟悉的领域自找难受，这显然是不正确的。美国密歇根大学商学院教授诺埃尔 · 蒂奇（Noel Tichy）将人的知识和技能分为层层嵌套的三个圆形区域：最内一层是舒适区（comfort zone），是我们已经熟练掌握的各种知识和技能，比如我们比较擅长的学业科目、运动项目，已经熟练掌握的才艺等。最外一层是恐慌区（panic zone），是我们难以学会的知识与技能。而中间层是学习区（learning zone），处于舒适区和恐慌区之间，是我们还未有所了解或者还未熟练掌握的、具有一定挑战性但尚未严重超出我们能力范围的知识和技能。

只有在学习区里面练习，一个人才更有可能得到多领域的发展。而我们要做的开发潜能，就是指在学习区内尝试掌握一些新知识和新技能，比如数理知识、音乐才艺等。通过反复练习的方式，做到将学习区的内容不断地转化为舒适区，从而扩大自己的舒适区。

我们为什么要走出舒适区？ 02

在尝试拓展舒适区之前，我们需要考虑的一个问题是：“我们为什么要走出舒适区？”是我们意识到自己需要进行自我提升，还是仅仅因为“他人如此我亦如此”的随波逐流？

首先，我们不需要过分贬低舒适区一词，舒适区≠摆烂。一个人喜欢数学，那么他在完成高中课程之余，参加数学竞赛就是深耕于舒适区，是增长板。一个人喜欢数学，那么他花更多时间学自己不擅长的语文，参加作文竞赛，就是走出舒适区，是补短板。如果你发现自己实质上并没有拓展自己技能的想法，那么只要一直努力，选择走出舒适区与否在开发潜能的角度上看便是补短板与增长板之间的差异，不能说孰优孰劣。

其次，找到方向感才能让走出舒适区更有动力。作家蔡澜先生曾在微博反问焦虑的年轻人“为何”要走出舒适区。如果没有方向，一味地走出舒适区，是否只是为了痛苦而痛苦？为了焦虑而焦虑？

最后，如果受限于阅历与经验，暂时找不到方向，那么建议你去做难而正确的事情。

激发潜能的三个方法

我们经常会发现身边或者网络上有很多“大神”。TA 不仅学习好，还会很多才艺，比如钢琴、小提琴、跳舞等，TA 甚至可能在游戏方面也有着一技之长，恐怕就差没有十八般武艺了。

在艳羡大神们多才多艺的同时，我们也常常会想自己是否也能像他们一样，掌握更多的技能或者是更好地开发自己的潜能？

01 相信自己一定具有独特的潜能

我们常常会用天赋异禀去形容那些多才多艺的大佬，而在提到自己的时候，却总会说自己仅仅是一个普通人，没有这些天赋也是正常的。但或许就像歌德所说的："没有人事先了解自己到底有多大的力量，直到他试过以后才知道。"我们认为我们没有某方面的天赋，仅仅是因为我们未曾尝试，或者才刚学了点皮毛便给自己下了定义，认为自己不能做到很好。

因此，开发自己潜能的第一步便是：相信自己一定具有独特的潜能。根据美国著名心理学家阿伯特·班杜拉（Albert Bandura）在20世纪70年代提出的自我效能感（self-efficacy）理论，高自我效能感的个体往往会相信自己具有某方面的能力，也相信自己的能力可以不断发展，能够更好地发挥自己的特长与潜能。

简单来说，就是当你做到相信自己具有某种独特潜能的时候，就已经能帮助自己更好地开发潜能了。

02 分解技能并掌握核心

一项技能往往有其核心部分，而除了核心部分的其他部分很多都属于进阶技巧，可以在后续提升的过程中再学习。

比如说在学习吉他的时候有很多技巧需要学习，但实际上最常用的往往就是一些和弦和扫弦的结合，因此在刚开始接触的时候便可以反复练习这些部分，此后再进行一些进阶练习。同样地，假如是想要提升数学方面的能力，就可以从代数、几何等各种专题、常考题入手进行训练，再根据历年高考的常考点进行针对训练，也会达到更好的效果。

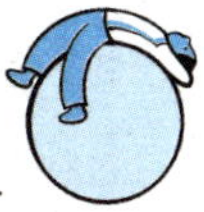

03 持之以恒

我们常常听说：要做好一件事，需要不断地、反复地练习，至10000小时以上。这就是著名的10000小时理论。这一理论是由一项心理科学研究演绎而来。1993年，美国佛罗里达州立大学心理学教授安德斯·埃利克森（Ander Ericsson）对一个音乐学院的三组学生进行对比研究发现，其中那些被认为是卓越演奏者的学生已经练习了10000小时，那些比较优秀的学生练习了8000小时，而剩下那些相对平庸的学生只练习了4000小时。后来，美国畅销书作家马尔科姆·格拉德威尔（Malcolm Gladwell）便据此演绎出10000小时理论。

今天，很多人将重点放在了10000小时这个惊人的数字上，然而实际上，埃利克森的研究表明，若我们想要成为某个领域的顶尖人才，需要练习大约10000小时，但若我们只是想要较好地掌握某项技能，并不需要10000小时。

埃利克森的研究报告强调的其实是坚持练习。开发自己在某个领域的潜能，不是一朝一夕能够实现的，我们需要做到的是制订一定的计划，持续地学习或练习。

而这样的练习是需要在我们先前提到的“学习区”中进行的，也就是每次练习时需要保持稍有阻碍但是又会有收获的状态，而不是简单性地重复。就像明代学者胡居仁所言：“若有恒，何必三更眠五更起；最无益，莫过一日曝十日寒。”

能够做到避免三分钟热度，持之以恒，就已经离真正开发潜能不远了。

同频共振

@飞鸟

初中以后，因为考场上一些小小的失误，导致我对数学有了莫大的恐惧，所以平常学得不认真，考试也很紧张，成绩自然不太好。不过我一直相信自己是有能力学好数学的。我知道自己有潜力、聪明，也肯上进，数学成绩已经开始好转了，我一定要逆袭一下。

偷偷塞给你的小纸条

成为多才多艺的人永远没那么简单，但是做到减少自我妨碍、减少外部归因却不难。尝试拓宽自己的舒适圈，探索开发自己的潜能。努力成为想要成为的人，永远都不会晚。

高考恐惧症：每天都在精神内耗

战胜恐惧是消除内耗的第一步

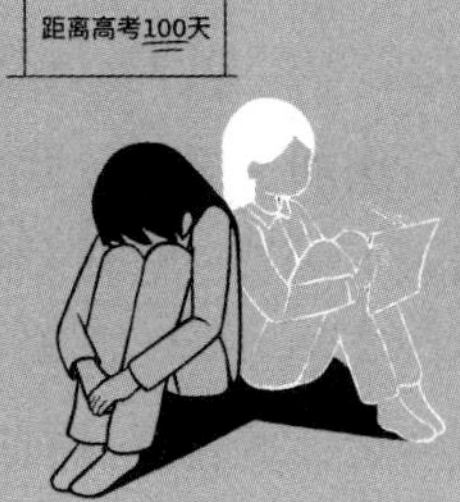

关键词 精神内耗 应试心态 考试恐惧症

当高考逐渐迫近，紧张与焦虑的情绪蔓延在高三学子生活的每一个角落。教室里，埋头苦学的同学们分秒必争，似乎连喝口水都是奢侈的休息；家里，提及高考的对话越发频繁，人生成败似乎在此一举；网络上，“高考加油”铺天盖地，席卷的鼓励却让人更加焦虑。

你在害怕什么？

01 考前：害怕准备不足

做不完的任务。越堆越高的模拟卷，越来越多的考前嘱托；A 老师让多多做题、保持题感，B 老师让回归课本、巩固基础，即使把自己掰成八瓣，也很难完成。每天睡醒时，面对未知的一天，你是否有这样的烦恼：我真的学不完！

没成效的努力。“我每天都做很多题，但模考成绩还是很差劲，努力真的有用吗？”一部分同学或许正陷入自我怀疑之中，为着疑似徒劳无功的努力而焦灼害怕，为着毫无起色的成绩而忧愁懊恼，担心自己的冲刺方向是歧途。

摸不透的模考。考前最后一次模考成绩出炉，你是否因那串数字而害怕？如果超常发挥，也许你担心这是巧合，而运气是守恒的，这次考好了，万一高考“滑铁卢”怎么办？如果发挥失常，也许你会担心自己一蹶不振，将这次的结果转移为自己对高考成绩的想象，于是更加恐惧。

考试中：害怕突发事件 02

防不胜防的状况。你曾经想象过自己高考时的状态吗？你会担心生理上的特殊情况吗？例如，失眠、肚子疼、想上厕所……每一条都让人窒息，却无法找到规避的方法。

不顺手的试题。高考考场上，倘若遇到了闻所未闻的题型，你还能保持镇定吗？拿到试卷后，倘若看见自己知识盲区的题目，你还能稳住心态吗？遇到不顺手的考题，确实让人头疼。

“薛定谔的猫”的状态。如果第一天考试你觉得自己出现了重大失误，那么接下来还能稳定发挥吗？

不可知的考试状态让我们害怕考砸，但更害怕第一门就考砸。

03 考后：害怕不可控的未来

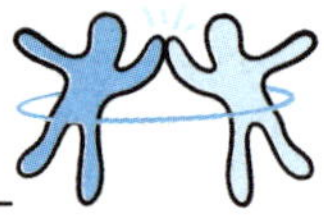

害怕考试结果。查分人常用的动作：用手挡住屏幕，一点点移开。其实不管是否查询，结果在交卷那刻就已经尘埃落定，只是你害怕面对。

害怕辜负期待。有时候，对结果的在意并非来源于自身，而是因他人期待而起。或许你已经接受了自己的普通与平凡，但父母依然望子成龙、望女成凤。怀揣着全家期望的你，比起害怕辜负自己的努力，或许更害怕辜负他人的期待。

害怕理想未竟。也许你带着对喜欢的城市、大学乃至专业、职业的爱而走到今天，倘若结果不尽如人意，你害怕面对那个日夜兼程的自己，也无法接受理想破碎的时刻。

你为什么害怕？

01 与生俱来的畏惧

高考常被渲染得过于具有决定性。十几天后，将是你直面这个词汇的时候。人类总是会对“不知全貌”的未知部分进行想象，而把事情脑补得格外恐怖。你很难避开这种害怕，对未知的害怕几乎是本能的反应。

不相信“我一定可以” 02

对结果的害怕可能源于对自身能力的怀疑。倘若你确信某件事情百分之百能够顺利完成，你会为此焦虑害怕吗？

答案大约是否定的。有时候，相信自己，害怕的情绪就会消除大半。

你可以战胜害怕吗？

01 答案来源于行动而非空想

你还在焦虑学不完吗？你还在焦虑白努力吗？

其实，在决策上耗费大量时间，力图穷尽所有可能性，过于担心行动的后果，是精神内耗的一种表现。持续的精神内耗会吞噬人的心理能量，进而使人提不起精神真正地投入实践。

不要想“刚刚再细心一点就好了”，且在下一次练习或考试中避免类似的失误；不要想“他们会不会觉得我之前的成绩是假的”，且在之后的学习生活中脚踏实地、努力证明自己；不要想“万一考不好怎么办”，且关注当下，拼尽全力做好充足的准备。

面对纷杂的冲刺建议，请你沉下心，找到自己最需要的努力方向，回归课本、整理框架、刷题训练、复盘总结……在最适合自己的冲刺道路上狂奔。

如果努力暂时没有成果，别灰心，量变引起质变，还没有到最后一刻，也许能量的爆发只差临门一脚。空想没有回音，行动方有反馈。

模考是检验，不是定性 02

不论模考的结果是好是坏，都可能引起一部分高三学子的焦虑与恐惧。美国社会学家罗伯特·金·莫顿（Robert K. Merton）曾提出“自我实现预言”（Self-fulfilling Prophecy）理论，即我们的行为会直接或间接地受到自我预期的影响，继而使自己的预想成真的情况。也就是说，当你表达出一个信念，无论是积极还是消极的，在一定程度上都可能影响未来自己或他人的行为，进而促成信念的实现。

所以，积极的心理暗示能够自我激励，从而使我们获得更好的考试结果。其实，成绩与排名只是数字，比起结果，更重要的是你在考试中知识的获取。在模拟考试中，你更应该关注考试中反映出的缺漏：对考试时间的分配与把控，对考试题型的了解与熟悉，对知识盲区的补充与复盘，对非知识性失分原因的总结。

结果不是唯一的衡量得失的标准，模考的本质是检测漏洞，成为更优秀的自己，知识上的增益远胜过分数与排名。不论模考结果如何，都不要将其与高考结果联系。过去与未来都不可得，一场模考而已，并非盖章定性，未来的结果只会由未来的你亲手创造。

03 你以为的意外不是意外

突发状况或许是考场上最难预测的。

如果你考前失眠，不管能否入睡，都要坚持闭眼强迫自己休息。其实，缺少几小时睡眠也无妨，何况考场上难免紧张，怎么会真的打瞌睡呢！如果你考试期间肚子疼，可以在考前适当服用止疼药。如果考试时想上厕所，可以举手示意，这件事情并非口耳相传的绝对禁止，高考也是人性化的！

倘若遇到难题或是前一门考试发挥失常，请千万稳住心态。告诉自己，就算真的考差了也没关系。可以复读、转专业、考研、留学……人生不会因此而落败，何况“考砸了”只是你以为。

心理学家阿尔伯特·艾利斯（Albert Ellis）曾提出“情绪 ABC 理论”，他认为激发事件 A 只是造成后果 C 的间接原因，而导致 C 的直接原因是个体对激发事件 A 的态度 B。也就是说，人的消极情绪并非源于事情本身，而是来自人对这件事的认知。

听过“清北预备军”因数学压轴失误而彻夜痛哭，最后牵连第二天的考试，发挥得一团糟的故事；也听过第一天以为自己“完了”，于是抱着复读的心态，第二天综合超常发挥全省第一的故事。其实，你以为“完了”并不可怕，影响结果的是你对待“完了”的心态。

拥抱每一种可能的未来 04

不论高考结果如何，你都可以有美好的未来。成功与否、幸福与否，其实不在于世俗定义如何，而在于自己能否控制欲望、能否自洽于所得。

实现理想并非只有高考一条路。也许其他方式有些曲折，但只要足够热爱，总能到达。冷冰冰的一行数字，并不能概括寒窗十二年的岁月。比起结果，更值得铭记的是在十二年里所有的经历与感受、得到与失去。

至于他人的期待，其实不必太过纠结与执着。他者强加的希望并不是你的责任与义务，先为自己而活，而后考虑他人的感受。

同频共振

@仰望星空

虽然我已经经历过一次高考了，可是在想到它会再次来临的时候还是会害怕，会慌，会不知所措。这样会形成恶性循环，会消耗我的信心和精力。所以，放平心态，稳定过好每一天，我们老师曾说，高考有什么好怕的，人生那么长，这算什么。

@偏#@执

我们老师曾说，当下阶段，该做的是能学一点是一点，就像沙滩捡贝壳，不要想自己还有多少没捡，而是能多捡一个是一个。

@灬

大家加油！一定要相信自己！最后几十天查缺补漏，重要的是稳住心态，不骄不躁，既不因为就剩最后几十天而激动，也不因此而焦虑，踏踏实实的，做好当下的事情，像打怪升级一样，保持一颗敬畏的心。另外，自己适合什么样的学习方法就怎么样做，不用担心和大家不一样。只要你能感受到自己每天都有收获，在一点点进步、成长，就要坚信自己一定能够成功！不要去想考砸了怎样，那不是现在应该想的。在高考时只要正常发挥，那就算超常发挥了，要相信自己！

偷偷塞给你的小纸条

不论结局如何，你都是自己的英雄。

父母一催，就不想学了

走出每个人都会有的逆反心理

关键词 内部动机 内驱力 自我决定

有时，变成“咸鱼”只是因为老师、父母的一句话。

“本来自己打算去做题了，或者正在那儿做着，一留成作业或者我爸一催就立刻不想写了，一点都没心情写。就是不喜欢被别人要求着做事。”一被催就不想做了，这是“叛逆期”的表现吗？

并不是！只是你好不容易点燃的“内部动机”突然被浇灭了而已。

“动机”一直是心理学研究的热门话题，它指的是让你想要通过做一些事情来达到特定目标的驱动力。对于中学生而言，最常感受到的、最重要的就是“通过学习来获得学业成就”的动机。

这种动机可以分为“内部动机”和“外部动机”。

什么是内部动机？

01 内部动机高的人有什么特点？

内部动机高的人，他们完成学习任务的动力来自于对学习本身的兴趣和喜爱，或者是对自律、刻苦等优秀行为习惯和品质的追求。因此，学习任务完成得好不好，很大程度上不由别人来判断，而是“自己心里有数”；他们最渴望的是问心无愧，而不是别人的认可。

外部动机高的人有什么特点？ 02

外部动机高的人，追求成就主要是为了外在因素，比如父母和老师的赞许、在集体中的声誉和物质奖励等。他们无法自主判断自己获得了多大的成就，很大程度上依赖于别人的标准来评价自己。

03 内部动机 VS 外部动机

内部动机比外部动机更能带来高成就。

拥有内部动机的人，具有一种追求成功的、稳定持久的内在力量；他们在学习时非常自觉主动，不需要他人的督促。他们在学习时更关注自己的努力程度，成功了，会为自己努力的结果而自豪；即使失败了，也不会因此而否定自己的实力。

而拥有外部动机的人依赖于他人的赞誉和鼓励，一旦失去了外在支持，信心就会减弱，焦虑也随之而来。他们非常注重与他人比较，如果无法证明自己的能力比别人强，就会大伤自尊、放弃努力。

自觉、自信、心态稳定的人，和依赖他人、受打击后容易一蹶不振的人，谁能在竞争激烈的高中学习中“适者生存”，自不必多说。但内部动机和外部动机往往是并存的，我们每个人都有过主动燃起振作精神、追求知识的欲望的时刻，也会受到他人的赞誉和奖励的激励。只是，为什么内部动机那么脆弱呢？为什么连老师的一次安排、父母的一句催促，都能让它瞬间消失得无影无踪呢？

内部动机的三大养分

根据自我决定理论，要想培养内部动机，三种心理需求的满足必不可少。

01 自主性

实验发现，如果老师支持学生自主学习，学生的内部动机就会更强，表现得更有好奇心、更喜欢挑战和探索；如果父母给孩子更多的自由，孩子会更容易对提升自我、建立友情以及回报社会产生发自内心的渴望。

如果缺失了自主性，我们就会感到身边的很多事情是受到他人控制、不是个人的努力可以决定的，自己无法主宰自己，自己的意志也没有受到尊重。“既然你们根本不在乎我的自觉自主，那我就继续当‘咸鱼’好了。”

胜任感 02

不论是儿童还是成人，都会下意识选择有一定挑战性的任务；在难度恰当的时候，他们不仅能在任务中获得愉悦，还会被进一步激发出对此类活动的兴趣。这就是胜任感。它使得我们既有信心通过努力实现目标，又不会因为目标过于简单而失去成就感。

如果胜任感不够，我们会觉得目标本身失去了意义，那么为没有意义的目标付出努力也就更加没有意义了。

03 归属感

感受到老师和同学的理解、支持和关心的学生会有更强的归属感，情绪压力更小、学业成绩更高，能以更大的努力和毅力投入学习。

如果没有归属感，我们会感到和周围的人的价值观格格不入，他们无法真正理解自己，因此来自他们的要求和期待也格外令人生厌：“虽然我自己也有这样的目标，但我不认同、不喜欢你们，我就是不想让你们如意。”

如果你也总觉得“本来想做的事情，别人一催就不想做了”，很可能是因为归属感不足，自主性又受到了打击，内部动机“枯”了。

保护我的内在动机

01 保卫自主性：我服了，我装的

综艺节目中总会有这样一个场景，即节目组安排了十分催泪的环节，这个时候嘉宾总会面临一个选择：哭，还是不哭？不哭当然更不违背自己毫无悲伤之意的本心，也更能凸显自己是一个“有想法、有态度”的人；但逢场作戏地哭一场能让节目效果更好、让自己的善良人设立得更稳，何乐而不为呢？

虽然很多人都觉得这种“皮哭肉不哭”十分虚伪，但我们至少可以说，这一哭体现的是绝对的自主性：我觉得该和大家一起哭，那就哭，才不在乎这会不会让我显得很“俗”、很“听话”。

在学习中，当然就更不必忌讳。我现在想学习、觉得该学习，那就是我自己决定要学，和老师布置的作业、爸妈发出的催促根本没有因果关系。由于和他们的想法不谋而合，表面上似乎是我听老师的话、听爸妈的话，是“我服了”，但只要我的内心独立思考过，根据自己的判断做出了选择，那就是真实的想法。

在行为上遵从了指令，不代表思想受到了同化，不代表自主性就消失了。保卫自主性，只需要提醒自己：我表面上服了，实际上是“装”的。

增强归属感：“普却信”的胜利 02

归属感毕竟是一种主观感受，有时候是可以“违背”客观情况的。

我们总觉得“那么普通，又那么自信”是一种讨人厌的品质，但这样的人往往自己过得爽快开心，跟谁都能自来熟。在有客观标准的事情上，过度自信当然令人嗤之以鼻；但是对于“我们的关系怎么样”这种很大程度上取决于主观感受的问题，我们也可以稍稍“普却信”一下。

老师不怎么搭理你，你就感到自己不是老师喜欢的学生、不敢和老师亲近吗？何不先“普却信”一下：老师太不幸了，居然还没有发现我这个宝藏学生。同理，对父母也可以“普却信”：爸妈总是唠叨我，是因为生活太累让他们脆弱的心灵太过焦虑了，没想到我还是个孩子就要担起心理治疗师的重任。对同学，也是同样：我一看到 TA 就觉得特别投缘。

如果从客观情况中感受不到归属感，就用这样的“阿 Q 精神”给自己创造归属感吧。人与人在无形之中互相影响、互相“洗脑”的力量可以强大到无法想象。你给所有人创造一个“假象”，大家在不知不觉中也会信以为真，按照你的期待来塑造你们的关系，此时你感受到的不正是归属感吗？

同频共振

@等一个好天气

不止写作业这一件事情，还有很多时候，很多事情，本来自己是打算做、想做或者正在做的，但是别人一催或一提要求，就真的一点都不想做了。

@菠萝头大王

深有感触，很多时候我自己知道要学习，但是父母一讲学习我就从内心很抗拒。我自己也想学，也知道一些学习方法，但是就是动不起来……关于这个方面的问题我自己有深深地思考过，但是最后只得到了一个模糊的答案，就是：道理我都懂，但是内心没有一种自发性的动力。客观的理性上我知道该学习，但是主观的感性上我还没有接受。

@云山乱

本来我也是很讨厌被人指挥，后来为了防止被唠叨，我就提前做，抢着做，赶紧做。

@布谷鸟与常春藤

关于内部动机，我觉得就是沉浸于做一件事，然后自己感受，也许就会发现乐趣。

@桃桃莓莓芝士茶

有一次上课被老师提问结果答不出来，老师丢给我一个不屑的眼神，让我站了一整节课。我当时很愤怒，但愤怒之余我力争要把历史考得特别好，等她对我刮目相看的时候，我也对她爱答不理！现在想想有点幼稚，但还是很佩服当时自己生发出来的是这种内驱力，而不是“越看不惯我我越不学”的逆反心。多亏了当时的心态，我历史成绩一直没有下滑，始终较着劲儿呢。

偷偷塞给你的小纸条

人的天性总是奋发向上、求知图强的。内部动机总是喷薄欲出，我们只需为它破开一个口子、撑起一点空间，之后就任它奔流吧。

我没考好，该不该复读？

复读生至暗时刻，复读的路有多难走？

关键词 复读 内驱力 同侪压力 人生选择

无法控制的嫉妒心

1. 决定复读的自己收到了考上清北的同学的庆功宴邀请。

2. 曾经的高中同学寒假光鲜亮丽地回学校做大学宣讲，自己仍然灰头土脸地困在习题里。

3. 学到崩溃的时候点开微信朋友圈，以前的同学在大学又是玩社团，又是谈恋爱。

4. 那个暑假已经那么难熬了，为什么偏偏那样漫长？

5. 明明自己多学过一遍，却连应届生都考不过。

6. 全世界都在往前走，只有我的世界停滞了。

写给因为同侪压力深受困扰的你。

01 可以比，但要健康地比

人是社会性动物，无论在哪个年龄段，同侪比较都是人们找到自我定位的一种常见心理活动。心智发育尚未成熟、本就更加依赖同侪比较来确定自身位置的青少年，又因为复读而处在评价体系极为单一的环境中，同侪比较的现象会格外突出。

但即使比较，也要建立在“每个人的时区可以并不相同”的原则上。允许自己暂时落后、时区暂时不同，保证心态健康。只要认真对待着每一天的生活，那么眼下的黯淡就不会掩盖未来的闪闪发光。

变横向比较为纵向比较。回望你复读一年取得的进步，也许就会发现，走了很远的路的你已经很厉害了。只是黎明之前，黑暗尤甚。

学习之外，还有很大的世界 02

人的评价体系不该是单一的。也许在学生时代，学习成绩的好坏被过分强调以至于成为唯一的评价标准，但你仍然可以允许自己的人生有多条赛道，也完全可以在另一条赛道上的成果中汲取自信。

无法提升的分数

1. 距离高考越来越近，成绩却突然下降。
2. 在复习最紧张的时候生病了，只能一边发烧一边干着急。
3. 其实即使到了高考前两个月，自己还在纠结：复读的选择正确吗？
4. 随着应届生们复习的进度逐渐推进，自己在班上的名次一次不如一次……
5. 为什么我的瓶颈期这么久啊……
6. 一道题目，自己前一年复习明明做对了，今年反而做错了。
7. 考好了，他们会说复读生有基础，没什么了不起。
8. 考差了，他们会说复读生果然不是学习的料。

写给复读时看不到希望的你。

01 不要用身体的勤奋掩盖了头脑的懒惰

不灌鸡汤。很努力却没有提高的确是需要警惕的现象。伪努力骗得过自己，但骗不过考题。主动，才是上岸的唯一解。这里的主动并不只是行为上做出主动刷题的勤奋姿态，而是头脑中的主动思考、主动复盘：学习方法是否合适？难题有没有认真探索？考后有没有总结经验？

撑过瓶颈期就能再上一层楼 02

如果只是暂时陷入瓶颈期，那么首先看淡一城一池的得失，保持学习节奏，毕竟模考期间的任何成绩都不会对高考产生直接影响。

其次可以调整学习策略：在一段时间内集中攻克一门学科，让学习效果更快凸显带来的正反馈带着自己冲出瓶颈期。

不愿说出口的身份

1. 决定复读的那一刻，关闭了所有社交媒体。
2. 选择去复读学校，看到爸妈交出高昂学费。
3. 选择回应届生的班里复读，老师要求做自我介绍。
4. 过年走亲戚，亲戚询问读高几了。
5. 高考报名，看到同学的身份证号上年份都比自己小。
6. 进入大学后，心知肚明自己一定是宿舍里年龄最大的。
7. 总觉得自己比别人少活了一年。
8. 上大学后被旁人感叹：你上学好晚啊！

写给因为复读身份而难堪的你。

01 你再来一年的勇气正在被反反复复羡慕着

人们总是习惯于夸大他人生活的光鲜亮丽，却错过了自己世界里的闪光点。也许你正在羡慕那些走进大学校园的同学，但那些无可奈何走进校园、拿起自己毫无兴趣的专业课课本的同学，也许正在羡慕你不曾将就的勇气，羡慕你还握着大把的人生选择权。

漫长的人生从来不会被一次考试全盘否定 02

人生的路其实很漫长，长到三十年河东，三十年河西。一年的复读生身份，只意味着自己在前一年的高考中，或是复习方向、战略有误，或是备考努力不足，或是考场发挥失利……而短短几个月、几天甚至是几个小时里不够优秀的表现，对人生的整体轨迹不会产生太大影响。

只要一直努力，即使不是北大，你的人生也不会差。更不必说，选择了复读的你也是在以最勇敢的方式及时止损。

突如其来的脆弱时刻

1. 随便看一篇励志文，看一部励志电影，都会感动到哭出来。

2. 一边复习，一边听着励志的歌，泪流满面。
3. 每次考完都要先在班里崩溃大哭一场。
4. 只是一个小小的听写没有同桌考得高，也会无法承受。
5. 看着自己无法提高的成绩，拨下自杀求助热线。
6. 考场上遇到稍微有点难度的题，心跳加速，头脑发昏。
7. 没有朋友，独来独往，还听到议论：“TA 都复读一年了还是考得很差啊！”
8. 原来学习不好是这么抬不起头的一件事啊！

写给因为复读而心态屡屡崩溃的你。

01 你不是一个人

高考复读终究是少部分人的选择，又常常会被他人和自己寄予厚望，无论是逆流而上，还是高期望，都意味着压力，而压力必然导致焦虑。

两年备考，焦虑程度并非简单相加，而是成倍增长。因此，焦虑过度、心态崩溃是大部分人都会出现的情况。你的反应不是矫情，不是脆弱，是换作任何人都会如此的正常的反应，不要在难过时还继续苛责自己。

去和老师聊聊天，去公园走一走 02

和老师聊聊天是因为老师更有阅历，更有经验，TA 会明白你现在认为的天大的痛苦只是年复一年学生们都会经历的正常心态；去公园散散步是因为公园有蓝天、有绿草，有鸟叫、有花香，有精神矍铄的老人与无忧无虑的孩子，你会发现自己偌大的学习痛苦在大自然面前变得渺小而无足轻重。

无论接触年长者还是大自然，都希望你能明白，学习不是人生的全部，这个世界还有很多你未曾探索过的精彩。

一个关键：到底要不要复读？

由于每个人情况不同，答案不能一概而论。但是，你可以通过回答以下几个问题，对自身情况进行综合研判。

01 为什么没考好？多学一年能提高多少？

你需要客观分析目前的分数、过去一年的学习情况、各科学习优劣势等。比如：成绩与平时相比是否有较大落差，是否属于发挥失常？过去一年学习状态如何，是否达到了认真的标准？最差的科目是什么？与理想分数相差多少？花费一年时间是否能有较大提升？

如果你认为自己日常学习状态良好，是因为发挥失常或者稍有懈怠导致成绩不理想，也有复读提分的想法，可以考虑复读；如果过去的一年里，你始终在清醒堕落、刷手机、打游戏，认为再来一年可能会让自己的状态有所改善，请谨慎考虑。

是自己想复读，还是其他人期望你复读？02

你需要问自己：你到底为什么复读？你的目标是什么？

家人、朋友、老师劝你复读，都很难构成你最深层的动力，最深层的动力来自你的内心。如果没有坚定、必胜的决心，没有“复读一年必须上岸”的信念，没有长远的目标和规划，也没有对复读深思熟虑、只是被周围人影响的话，建议谨慎考虑。

要知道，你的目标不仅需要支撑你走过 365 天，还要能支撑你在 365 天里的无数个失望瞬间重新站起来向前走。

03 你可以获得多少支持度？

从经济角度考虑，你需要思考：父母支持你复读吗？费用是否会对家庭情况造成较大压力？从情感角度考虑，你需要思考：父母家人和朋友是否会在精神上鼓励你？他们是否会接纳今年高考失利的你，衷心为你再来一年保驾护航？社会支持系统就像你的后援团，团队越坚实、牢固，你就会受到越多正向激励，也会更有决心向前走。

如果亲朋好友坚决反对你复读，请务必弄清楚原因，再谨慎考虑自己的选择。

复读时可能遇到哪些问题？

01 “这里的一切都是新的，也没有认识的人，我很不习惯”

复读学校的新环境容易给人带来强烈的陌生感，并且你的同班同学均为复读生，每个人都会带着高考失败的颓丧感，人际关系在初期容易显得疏离、陌生。

如何快速融入新环境？

首先，最好能在开学前进学校熟悉环境。如果没有条件，就在开学后一周内集中了解学校，包括热水怎么打、食堂饭菜等细节，这些都会与你此后一年的生活质量有关，了解越多，你就越从容。其次，不必完全“两耳不闻窗外事”，可以主动和班级同学打交道，他们是唯一能完全理解、陪伴你复读生涯的人。以真诚为第一原则，你可以用彼此熟悉的话题作为开场，比如主动暴露自己的复读感受、总结上次高考失利的原因，或许慢慢就会收获一位“战友”。

但记住，千万不要谈恋爱。

“以前的同学都去读大学了，我压力好大啊” 02

当之前的同学都进入大学，QQ 空间和微信朋友圈发的都是新生活美好图景时，同侪压力会让你感觉自己已经落下了一年，心理负担越来越重。

如何面对同侪压力？

你最应该做的就是适当将关注点从“与他人的关系”转到“与自我的关系”上。他走在了你的前面、他的未来比你更美好、他可以感受丰富多彩的大一，而你只能坐在教室里继续复习——这些想法都聚焦于你与他的关系。当你过度关注他人时，就会因落差感到压力。但如果你能调整心态，想想你拥有什么、你为了什么、你该如何实现，比如，你拥有良好的复习环境和再来一次的宝贵机会，你为了达到满意的分数愿意埋头学习、自我超越……在这种对自我的认知中，你会更笃定，也更不易被外界影响。

此外，如果压力爆表，你无法承受了，也可以适当向下看，即想想比自己情况更差的人，或许你会对自己的状态心生感激。

03 “我到底有没有做出对的选择啊？！”

复读时，你可能会经常陷入自我怀疑——怀疑自己的选择是否正确，怀疑再来一年是不是能成功，怀疑自身能力。

如何破除自我怀疑？

还记得上文所说来自内心的驱动力吗？每次自我怀疑时，都可以回想一遍——

你到底为什么复读。你可以把答案写下来，贴在桌子上进行自我鼓励，它在未来一年会成为你的精神支柱。

除此之外，你还可以进行自我对话。积极的自我对话能在个人压力大时起到疏导和放松的作用，并且，当我们用第二人称和自己对话时，能更客观、抽离地看待自己的形象与行为，也能更好地调节情绪。你可以思考目前让你产生自我怀疑的情况，试着从旁观者的视角鼓励自己。

“一会儿笑一会儿哭，感觉自己情绪化到了极点” 04

复读重压之下，你的情绪神经或许会很脆弱，一点风吹草动就能让你哭成泪人，更不用提每次大考、出分之后的大喜大悲了。

如何做一个情绪稳定的（未）成年人？

你可以为自己创造情绪容器：当你有情绪（尤其是负面情绪）时，试着想象一个容器，可以是玻璃瓶、篮子等；将情绪看成实体，比如一朵乌云、一个煤球等，在脑海中将情绪轻轻放置在容器中，深呼吸，接纳它，然后把它放在某个角落，重新做回你手头上的事。

待你和信任的人在一起时，再打开容器分享感受。如果容器不足以让你平静，你还可以写情绪日记，将每天的感受记录下来，为情绪划分等级，从最愉悦的情绪记录到最糟糕的情绪，并标注是什么事件触发了这种情绪。如此，除了可以让你在记录中平复心情外，还可以加深自我觉察，知道什么会让你不悦，进而在之后的生活中主动调节。

05 “我太累了，真的没有力气了”

从高强度的高三几乎不加休息地投入更高强度的高四，除了压力之外，你感受得最多的可能就是疲惫。国内心理咨询师崔庆龙曾提出“心理效能”概念，他认为每个人每天的能量是有限的，如果你的心理效能值为1000，而你的日常学习就已经消耗1200，疲惫是必然后果，但你可以通过多种方式补充能量。

如何给自己“充电”？

首先，劳逸结合，保证充足睡眠，找到自己的放松方式。其次，建立你的社会支持系统。有时，复读生比高三生更需要鼓励，因为你们同样面临不可知的结果，却背负了多出365天的压力。对待亲近的人，可以表明自己复读的决心，并表示希望获得他们的支持，说明他们的鼓励对你意义深重。一句“我永远站在你这边”，或许就能补回 200 能量值。

复读是不是最好的选择？

复读最需要的是什么？或许，所有复读生都会告诉你，是心态。

如果你全面分析了上一次高考的失误，找到了自己的内驱力，也获得了亲朋好友的支持，慎重做出了复读的决定，那么就要一往无前，尽量不要左右摇摆。

你可能还想问，复读到底是不是最好的选择？

其实，世界上有许多事情是无法提前预知的，只有你真正走了这一遭、经历了新的 365 天之后，才知道是不是最好的选择。没有任何人能代替你自己做出回答。

希望你们能遵从自己的内心，温柔且坚定地向前，因为“为宏大目标而拼搏过的这段经历，将来一定会成为你的力量”。

同频共振

@抽刀断水水更刘女士

每个人的花期不同，不必焦虑别人比你提前盛开。

@泪灼 & 魂殇

复读还是要看个人以及一些外界因素，比如今年试卷变难了，复读就会很吃亏。而且复读真的很看重心态，不是说你觉得压力不大就没压力了。如果自己的学习习惯真的很好，而且很自律的话，可以复读，但是如果不是很自律的话，最好还是别复读了，因为你会让自己有愧疚感。

偷偷塞给你的小纸条

无论你如何看待复读这件事——是弱者及时止损的方式，还是强者绝不顺从的 选择——都希望你能保持健康的心态，从而保证出色发挥。

无论被至暗时刻困扰了多少次，相信你都能在六月收到最好的消息。

致 谢

优秀班主任编审团

廉莲	北京师范大学附属中学	黄玉海	东莞市东莞中学
郭懿	重庆市第一中学校	饶晔	合肥一六八中学
陈林一	重庆市第一中学校	崔连新	成都石室中学
刘硕	东北育才学校	孔德堃	云南省个旧市第一中学
林成樑	福建省莆田第一中学	李小芬	柳州高级中学
胡金华	江西省吉安市第一中学	王仕江	山东省蓬莱第一中学
钟英辉	江西省九江第一中学	何茂林	四川省南江中学
刘诗帅	河南师范大学附属中学	房杰	安徽省定远县第二中学
付燕华	河南省林州市第一中学	张建设	重庆市第七中学校
胡兰	河北省唐山市第七十四中学	侯芳芳	张家口东方中学
赖海平	华中师范大学惠安亮亮中学	王顺至	张家口下花园区燕园高级中学
谷金香	山西省朔州市朔城区第一中学	智旭成	黑龙江省龙江县第一中学
刘随新	甘肃省西和县第二中学	梁旦	泾川县高平中学
崔臣涛	河北省廊坊市固安县第一中学	刘峰	衡水顺平中学
马磊	山西省阳高县第三中学	王玉	芜湖市第一中学
赵晓春	陕西省眉县中学	葛优丽	许昌学院附属中学
邓艳红	黄梅县实验中学	肖霄	湖南省石门县第一中学
段鑫	榆林高新中学	杨端茂	广东省江门市新会陈瑞祺中学
乔梦琳	浙江省诸暨市海亮高级中学	李利利	靖边县第一小学
周艳明	湖北省枣阳市第二中学	段云成	浙江省杭州第四中学江东学校
刘海涛	芜湖市第一中学	叶海瑜	陕西省靖边县第十二小学
郭云浩	山东省济南市莱芜第一中学	张思远	陕西省靖边县第三中学
王军	肥东圣泉中学	高晓楠	沈阳市第一二〇中学
李强隆	黑龙江五常市第二中学校	黄琼	湖北省咸宁市咸宁高新实验外国语学校
冯作维	松原市第二高级中学	姚锦涛	华池县上里塬初级中学

（续）

郭长虹	松原市第二高级中学	蔡玉英	河北省承德市圣泉高级中学
李鹏	四川省双流棠湖中学	康子涵	山东省枣庄市第三中学
徐书铭	松原市第二高级中学	罗婕	昆明市第三中学
马营	山东师范大学附属中学	侯永宏	乌鲁木齐市第二十三中学
徐金迎	山东省枣庄市第三中学	王晓昱	沈阳市第四中学
李艳果	湘阴县第一中学	刘鹏	山东省淄博市临淄中学
宋诗迎	东北育才悲鸿美术学校	吴友强	江西省抚州市东乡区第一中学
芦峰	东北育才学校	李桂楠	家庭教育指导师培训师
黄华	湖南省长沙市开福区教育局	吕秋艳	河北省三河市一中
代晓燕	山东省烟台经济技术开发区潮水中学		

学长学姐观察团

冷其姝	香港浸会大学	晚星	北京大学
寒尽	清华大学	李缇然	清华大学
谢燕妮	中国人民大学	卷妮	上海交通大学
郑子蔚	上海交通大学	徐萱	暨南大学
颜晓臻	北京师范大学	一颗茯苓	北京师范大学
小木	北京师范大学	郭思语	北京师范大学
杜安	北京师范大学	和佳音	北京师范大学
李文君	北京师范大学	松下一般	北京师范大学
见微	湖南大学	惊蛰	中山大学
新新	内蒙古民族大学	张苧翾	山东师范大学
小江	天津师范大学	意涵	媒体撰稿人
二木水	心理学咨询师	尘土	媒体撰稿人
傅立叶	媒体撰稿人		